# QUENTIN TARANTINO...

# ... FILS DE PULP

## DU MÊME AUTEUR

*Les Bandits*, en collaboration avec Jacques Brétigny sous le pseudonyme de Richard Carroll (André Balland)

*Marie çà et là*, en collaboration avec Pierre Marest (Eroscope)

*Rennes-Le-Château, capitale secrète de l'histoire de France*, en collaboration avec Jacques Brétigny (Editions Atlas).

*Dashiell Hammett, Underworld USA* (Editions du Rocher)

*Vacher l'Assassin* (Éditions Claire Vigne)

*Almanach du Paranormal* (Editions Méréal)

*L'auteur tient à remercier Natalie Beunat et Christian Garraud pour leur aide et leur compréhension.*

*Il a aussi une pensée particulière pour Françoise Le Braz et François Guérif, ainsi que pour Eric Libiot, Stéphane Bourgoin, Eric Leguèbe et Florence Lobet.*

*Il remercie également Marie Descourtieux, Farida, Dominique des Editions Rivages, Jean-Pierre Vincent et son équipe, Pierre-Emmanuel Barthe et Bac-Films.*

*Sans oublier Quentin Tarantino et Lawrence Bender, et les sociétés A Band Apart et Miramax.*

JEAN-PIERRE DELOUX

# QUENTIN TARANTINO...

# ... FILS DE PULP

FLEUVE NOIR

ISBN 2-265-06520-X

*Aux Frères Lumière,*
*A la mémoire d'Henri Langlois, et de Marie Meerson.*
*A Michel Pemartin,*
*A Paul Hervé Mathis,*
*Aux cinéphiles des Sixties des trois premiers rangs de la Cinémathèque Chaillot, et même aux autres...*

J'espère toujours que si un million de spectateurs voient mon film, ils verront un million de films différents.

Quentin Tarantino

Aux [illegible] amis,
À la mémoire d'Henri [illegible]
de [illegible]
À [illegible] Pagnon,
À Paul [illegible]
Aux [illegible]
[illegible]
[illegible]

## PREMIÈRE PARTIE

# La pulpe

*Pulp* : 1. Partie charnue, molle du corps.
2. Livre ou magazine sur des sujets « à sensation », imprimé sur du papier bon marché.

# SÉQUENCE PRÉGÉNÉRIQUE

Le cinéma se distingue de la photographie par le MOUVEMENT qui restitue la Vie à ses images fixes. Pour certains créateurs du 7$^{e}$ Art et cinéphiles, le cinéma se confond avec la vie.

Il n'y a aucun doute en ce qui concerne Quentin Tarantino ; on peut même déjà avancer que la vie de ce cinéphage ressemblera à un long film pas très tranquille...

En quelques longs métrages, il nous a prouvé qu'il n'était pas seulement un *wonder boy*, comme s'en invente parfois Hollywood, avant de les dévorer, un vrai cinglé de cinéma materné à la série B américaine, initié par les karatekas de Hong-Kong, habitué à l'économie par les productions AIP, formé à la dure école Corman : un plan, une prise... sinon rien, dépaysé par la Nouvelle Vague made in France, converti au Zen-Doulos par un samouraï exilé et cinéphage, que l'on finira bien par reconnaître pour le plus grand cinéaste français de la seconde moitié de ce siècle ; un zélateur de tous les cultes hollywoodiens de l'Age d'Or tout en étant un aficionado convaincu des pratiques new-yorkaises Underground ; mais encore un amateur parfaitement éclairé dont la vision est en train de devenir celle d'un authentique artiste se métamorphosant en cinéaste indépendant.

Ayant reçu ou, plutôt, conquis l'héritage de la *Pulp Culture*, il était normal que son talent la transcende en *People Culture*, faisant du cinéma ce qu'il est, un langage universel, et le seul art accessible à la jeunesse mondiale. Pas étonnant que la part allouée au cinéma, à la TV, aux BD, au rock'n'roll, aux chansons et musique « Bubblegum », à l'herbe ou à la bouffe, soit si grande dans une œuvre qui, si elle est de fiction, est aussi reflet de son temps.

Et, au cinéma, nous sommes déjà en 2001, chacun le sait depuis la révélation du prophète Stanley Kubrick qui, lui aussi, sous prétexte de filmer son époque, travellingue sur l'avenir.

Aujourd'hui, Kubrick fait figure de Baptiste, même s'il est capable de filmer notre apocalypse. Mais ne l'a-t-il pas déjà fait ?

A cet instant, c'est Quentin Tarantino qui occupe le devant de la scène : il est aujourd'hui le cinéaste le plus mondialement connu. Il n'en est pas moins universellement célèbre pour sa ligne de prêt à porter masculine : son deux-pièces noir avec holster invisible, avec cravate assortie, style ficelle, et chemise blanche ; sans oublier les indispensables lunettes noires. Tout cela vous classe immédiatement votre homme : star, FBI, OP, Man In Black ou truand.

S'il peut assumer tous ces rôles, Quentin Tarantino se borne à celui de star, d'étoile qui indique la marche à suivre vers le succès. Et la réussite, cela le connaît : il s'approprie tout ce qu'il touche avec son génie particulier qui l'apparente autant aux multiples facettes de Raymond Loewy qu'à la magie enfantine du trait totalement maîtrisé.

Il y a de l'homme-orchestre chez lui : sa compétence culinaire est à la hauteur de son savoir d'herboriste ; l'une et l'autre frisent le grand art quand il les utilise pour disserter sociologiquement sur les différences entre le Nouveau et l'Ancien Monde. On le croirait volontiers disciple des grands rivaux américains de Pinin-Farina carrossant spécialement pour ses films ses *belles Américaines*. Décorateur de restaurants branchés, il en remontre aisément, aussi bien à Slavyck qu'à Stark. Armurier expert, il sait de quoi il parle ; on dit fusil d'assaut AK 47, et non pas mitraillette Kalashnikov. Il peut aussi se faire secouriste quand il le faut, et vous ressusciter d'une piqûre d'adrénaline dans le cœur.

Chiqué, tout ça ! s'exclameront certains...

Non, du grand professionnalisme, comme on pouvait le dire à propos d'Howard Hawks, qu'il admire et auquel il finira, peut-être, par ressembler si les petits cochons d'Hollywood ne le mangent pas.

Autre ressemblance, Hawks, on le sait, filmait à hauteur d'homme, Tarantino, lui, filme caméra à la hanche, comme s'il tirait avec un revolver, non pas au jugé. Mais d'instinct !

D'un instinct tempéré par un art du cadrage et une intelligence du mouvement, une belle liberté d'écriture qui renvoie à l'autre *wonder boy* du cinéma, Orson Welles, dont le génie inaugura le second demi-siècle d'existence du cinématographe.

Certes, il y a un (énorme) pas à franchir entre *Citizen Kane* et *Reservoir Dogs* ; il n'en reste pas moins que *Pulp Fiction* indique une marche à suivre tout en témoignant de l'air du temps.

Ce n'est pas pour rien que par le passé, Welles fut le seul jeune cinéaste à déclencher un tel engouement parmi les spectateurs, tout en initiant la reconnaissance du cinéma comme art majeur, et non plus comme simple divertissement.

Le public contemporain ne s'y est pas trompé, il célèbre la Jeunesse à travers Quentin Tarantino, et c'est une première pour Hollywood, à l'exception peut-être de James Dean qui n'était d'ailleurs pas un réalisateur, mais une sorte de *Rock Star*.

Il est permis de se poser des questions devant un tel phénomène, pas seulement américain : lors de son bref séjour parisien du début de janvier 1998, son passage à *Virgin Megastore* Champs-Elysées, annoncé simplement par le bouche à oreille, faillit créer une émeute.

La popularité d'une *Rock Star* ou d'un acteur tient essentiellement à son charisme sexuel, qu'il soit très affirmé (Mick Jagger, Madonna) ou très indéfiniment manifesté (l'androgynat de Michael Jackson).

Sa jeunesse et son dynamisme font le reste, tout autant que ses performances artistiques.

En ce qui concerne Tarantino, le nom déjà, est fort porteur : il sonne moitié aristocrate anglais, moitié italo-américain (ce qui est plutôt bien porté au cinéma : De Niro, Pacino, Ferrara, Scorsese, etc.). En réalité, il est à moitié italien, un quart irlandais et le reste, pur cherokee ; un sacré cocktail...

Il faut également souligner que Quentin Tarantino est aussi un auteur à part entière, même si *Jackie Brown* est tiré d'un roman d'Elmore Leonard qu'il s'est totalement approprié. Réalisateur, il coécrit les scénarios et assume les dialogues. En ce sens, il mérite bien de la fameuse *politique des Auteurs*, selon laquelle *les Cahiers du Cinéma* de l'Age d'Or appréhendèrent le cinéma américain et mondial. Auteur, il l'est à un point tel que la dénaturation de son scénario *Natural Born Killers* par Oliver Stone engendra une brouille et diverses rixes.

Les dialogues secs, serrés, rapides, incisifs, mordants ne sont pas pour peu dans le succès des films de Tarantino, dont les histoires semblent finalement assez familières aux amateurs de polars et de romans noirs. Les dialogues contribuent à transcender les sujets, faisant de l'ensemble un produit branché. Mais en réalité, ce n'est pas le but recherché car l'œuvre est dès sa conception originellement branchée, son démiurge l'étant naturellement, c'est lui qui décide de ce qui l'est et de ce qui ne l'est pas.

Que l'on se rappelle seulement l'Icone Rock'n'Roll Kurt Cobain (Nirvana) en train de remercier l'auteur de *Reservoir Dogs* dans son album *In Utero* !

Mais si Tarantino peut être Dieu sur son plateau ou aux yeux de ses Fans, c'est parce qu'il est aussi M. Tout-le-Monde, une projection de tous les

Lambdas de la terre... N'importe quel spectateur de Tokyo ou Rio se reconnaît en lui.

C'est son succès universel qui permet au critique de TV du *Sun* d'écrire avec la certitude d'être compris par ses millions de lecteurs, aussi bien anglais que pakistanais ou bien ougandais, que le turbulent Eric Cantona venait de signer pour tourner le prochain film de Tarantino, *Reservoir Frogs* [1].

Le ton très particulier de la *Tarantino's Touch*, mélange subtil de dialogues durs, distanciés et dans le coup, de scènes de comédie glamour, cool et très sexe, de moments décontractés où il n'arrive rien, si ce n'est comme dans la vie, le temps qui passe, de réalisme cru et brutal, et, bien sûr, de ces fabuleuses scènes de violence à la fois verbale et physique qui expliquent et ponctuent le récit, tout cet ensemble savamment imbriqué que seul Tarantino parvient à doser est au cœur de sa réussite et de son succès. Avec en plus, ce petit rien qui fait la différence entre deux êtres humains ou deux œuvres d'art, cette étincelle relevant du génie et de la grâce.

Ajoutons encore qu'il y a beaucoup à dire à propos de la violence, chez Tarantino, et nous aurons l'occasion d'y revenir plus loin, mais elle joue un rôle fondamental dans l'attrait qu'inspire ses films. Elle est encore renforcée par l'absence presque totale de morale ou de moralité. Ce qui donne aussi à ses œuvres un caractère hautement contestataire, révolté et hors-la-loi qui ne peut que convenir à une

1. *Grenouilles*, désignant les Français, comme chacun sait.

société débarrassée aussi bien de ses idéaux, de ses croyances fondatrices que de ses valeurs essentielles.

La société est devenue une jungle, seuls survivent les grands prédateurs. Renaissent alors les mythes des âges sombres dont celui du loup, solitaire ou à la tête de sa meute, n'est pas le moindre.

Mais derrière le cinéaste hors-la-loi, le metteur en scène pirate, apparaît aussi une figure solidaire, celle de l'artiste qui n'en finit pas de crier *Liberté*...

Il était grand temps dans un cinéma américain où seuls Ferrara, Eastwood, Hopper, Hellman, Jarmush et quelques autres semblent jouer les desperados, filmant caméra à la hanche [1], leur dernier combat face aux repentis comme Scorsese ou De Palma, et aux collabos du système, Spielberg et consorts, devant les gueules cassées hébétées de Coppola ou de Cimino, que l'on brandisse à nouveau le pavillon noir du cinéma libre, avant que les fils de pub, les bâtards de la téloche et les moutards des clips n'aient définitivement sali et détruit un art aussi radicalement élitiste que fondamentalement populaire.

Alors ne nous étonnons pas que le héros porte un prénom de chevalier gaélique et que son patronyme italien soit (presque) celui d'un artiste baroque, tout en possédant des guerriers cherokee l'art caméléonesque de se fondre dans le décor et le mouvement.

Maintenant, Moteur, Action...

---

1. Selon le titre de l'étude de Wensley Clarkson (Piatkus, 1995, Londres) : *Shooting from the Hip*.

## *GÉNÉRIQUE*

## *PRINCIPAUX CRÉDITS*

ANDERS, Allison : Réalisatrice, scénariste d'un sketch de *Four Rooms.*

ARQUETTE, Patricia : incarne la craquante Alabama de *True Romance*, Rosanna l'aînée et Alexis participent à *Pulp Fiction.*

AVARY, Roger : Réalisateur à 13 ans, complice de Tarantino depuis 1984, coscénariste de *True Romance, Natural Born Killers, Reservoir Dogs, Pulp Fiction.* Réalisateur de *Killing Zoe.*

BENDER, Lawrence : Ingénieur, danseur, figurant, producteur, rencontre Tarantino en 1990 à un barbecue : flash réciproque. Il produit *Reservoir Dogs, Pulp Fiction, Jackie Brown* et coproduit *Une Nuit en enfer* de Robert Rodriguez. En production : une douzaine de films, plus le prochain Q.T., quel qu'il soit...

BUNKER, Eddie : Ex-pilleur de banques, ex-taulard devenu écrivain. Evoque ses expériences dans des romans implacables qui en font l'écrivain contemporain le plus dur : *Aucune bête aussi féroce*, *Les hommes de proie* (Editions Rivages), un titre idéal pour Q.T. qui lui confia le rôle de Mr Blue, dans *Reservoir Dogs.*

BUSCEMI, Steve : Pompier durant sept ans à New York, il brûle l'écran dans le rôle de Mr Pink dans *Reser-*

*voir Dogs*. Il refuse par solidarité avec Q.T. de figurer dans *Natural Born Killers* d'Oliver Stone ; par contre, ne pouvant, faute de temps, prétendre à un rôle important dans *Pulp Fiction*, il accepte le rôle de *Buddy Holly*, le serveur.

ELVIS : Pape de la Pop Culture, le *King* du R'n R' ne contribua pas peu à la formation de Q.T. pour qui sa voix figurait *celle de la vérité*. Dans *True Romance*, Alabama prénomme son fils Elvis, tandis que son fantôme apparaît à Clarence, dans la salle de bains.

GRIER, Pamela : Actrice, ses généreux appas la font remarquer de Russ Meyer qui la dirige dans *Beyond the Valley of the Dolls* et *The Bird Cage*. Elle se taille rapidement une place de vedette de choc dans la déferlante de polars black ultraviolents des années 70. Elle auditionna pour *Pulp Fiction*, mais son fan la réservait pour le rôle titre de Jackie Brown qu'elle interprète sur le mode implosion contenue : elle y est royale...

HARRELSON, Woody : Son père est en prison à vie pour le meurtre d'un juge fédéral ; il a été aussi soupçonné d'avoir participé aux meurtres du Président John Kennedy et de son frère Bobby. Woody interprète d'une manière forcenée et totalement paroxysmique le tueur psychopathe de *Natural Born Killers*.

HELLMAN, Monte : Producteur exécutif de *Reservoir Dogs* qu'il aurait dû réaliser, Hellman est aujourd'hui le cinéaste américain le plus méconnu. Il a pourtant réalisé dans les années 60 deux superbes westerns avec Jack Nicholson, après avoir codirigé des films avec Roger Corman et Coppola. L'une des grandes admirations cinématographiques de Q.T.

HOPPER, Dennis : Touche-à-tout du cinéma américain, réalisateur (*Easy Rider*, film culte des années 60, *Colors, The Hot Spot, Catchfire*, etc.), acteur (il débute dans *La Fureur de vivre* de Nicholas Ray), il s'éclate dans *Apocalypse Now* de Coppola ou s'approprie *Blue Velvet* de Lynch ; véritable *Dennis la Menace*, il n'est à l'aise que dans la folie et l'extrême. Photographe talentueux, on le dit aussi poète. S'il ne put interpréter Mr Pink, il interprète magistralement le père de Clarence dans *True Romance* de Tony Scott.

JACKSON, Samuel L. : L pour Leroy, mais surtout Jules dans *Pulp Fiction* ; tueur, amateur de cunnilingus, il interprétait Big Don, dans *True Romance*. Désormais star à plein temps, après avoir été nominé à l'Oscar pour *Pulp*, il explose dans *Jackie Brown* avec le rôle d'Ordell Robbie, truand flamboyant.

KEITEL, Harvey : Ex-marine, pacifié par le grand Lee Strasberg, maître à penser de la plupart des grands acteurs américains. Attire l'attention dans *Mean Streets* de Scorsese, puis dans le rôle de Judas dans *La Dernière tentation du Christ*. Nomination à l'Oscar pour *Bugsy*. Joua un rôle majeur dans *Reservoir Dogs* dont il est coproducteur et acteur, rôle de Mr White. Il est Mr Wolf dans *Pulp* et Jacob Fuller dans *From Dusk till Dawn* (*Une nuit en enfer*) de Robert Rodriguez.

LEONARD, Elmore : Auteur de *Rum Punch* (*Punch créole* ou *Jackie Brown* aux Editions Rivages), Elmore Leonard, l'un des très grands auteurs contemporains de polars, est un vieux routier d'Hollywood qui porta à l'écran *Valdez* et *Mr Majestyk*, notamment ; ses romans se déroulèrent successivement à Detroit, à Miami et en Californie et racontent surtout des histoires de truands à la frontière de la comédie et du réalisme. Ce qui est déjà par essence on ne peut plus tarantinesque. Une rencontre karmique car le cinéaste s'était fait prendre en train de piquer *The Switch* où apparaissent déjà les personnages à nouveau réunis de *Jackie Brown*, dont il est aussi coproducteur.

MENKE, Sally : Monteuse attitrée de Quentin Tarantino : *Reservoir Dogs, Pulp Fiction, Four Rooms, Jackie Brown*. Elle fut nominée à l'Oscar pour *Pulp* au montage à la fois discret et percutant.

OLDMAN, Gary : Acteur anglais, époux en secondes noces d'Uma Thurman, qui interprète Mia Wallace dans *Pulp Fiction*, il incarne le Rasta blanc Drexl Spivey dans *True Romance* avec une énergie quasi nucléaire qui fait de lui un acteur totalement à part.

PENN, Chris : Fils de l'écrivain réalisateur, Leo Penn, et frère cadet de Sean, il est acteur depuis l'âge de 12 ans. Première apparition remarquée dans *Rumble Fish* de Coppola, aux côtés de Dennis Hopper.

PLUMMER, Amanda : Fille des admirables comédiens, Christopher Plummer et Tammy Crimes, elle ne pouvait qu'étudier le théâtre avant de rejoindre le gang Tarantino à l'instigation de Tim Roth. Elle incarne dans *Pulp* la braqueuse Honey Bunny, complice de Pumpkin (Tim Roth, bien sûr !) avec lequel elle forme un couple inoubliable. Presque déjà légendaire !

RHAMES, Ving : Une nuque de taureau désormais célèbre : il est Marsellus Wallace le truand redouté qui se fait faire un enfant dans le dos, l'époux jaloux de Mia dans *Pulp Fiction*.

ROCKWELL, Alexandre : Executive producer de *Four Rooms*, il en réalisa également le plus faible des sketches. Cependant, il est aussi l'auteur de *Somebody to love* où apparaît Tarantino en barman, aux côtés d'Eddie Bunker, de Steve Buscemi et Harvey Keitel, sans oublier Antony Quinn et le regretté Sam Fuller. C'est la tournée des patrons...

RODRIGUEZ, Robert : Nourri aux vitamines et à la Super 8 mm, sans parler de sa fascination pour le 9 et le 11 mm, il se vit cependant refuser à l'admission aux cours de cinéma de l'Université du Texas. Il la contraignit à l'accepter en remportant un festival de cinéma. Ce très chaud lapin ne réalisa pas moins de trente courts métrages durant ses études. Il produit son premier long, *El Mariachi*, pour 7 000 dollars ! La Columbia lui confie un budget de 5 millions pour effectuer son remake. Suivent *Desperado* et *Une nuit en enfer*.

Roth, Tim : Acteur londonien, membre à part entière du groupe, il est l'agent Orange dans *Reservoir Dogs,* Pumpkin le casseur dans *Pulp Fiction*, et le groom de *Four Rooms*, et un futur Oscar du Meilleur Acteur, d'ici peu...

Scott, Tony : Cadet du réalisateur parfois inspiré des *Duellistes* et de *Blade Runner*, il commence sa carrière en dirigeant David Bowie en vampire, *The Hunger*, explose au box-office avec *Top Gun*, trouve chaussure à son pied avec *True Romance* qui lui vaut un satisfecit de Tarantino : *c'est le Douglas Sirk du thriller contemporain*. On en rougirait presque !

Sekula, Andrzej : Comme Sally Menke, la monteuse, il a plusieurs films de Tarantino à son actif mais ne figure pas au générique de *Jackie Brown*. Sans doute était-il empêché, façon de faire mentir la formule : *in Sekula Secularum...*

Slater, Christian : Interprète de Clarence Worley, il est aussi la personnification de Tarantino, ou de certains de ses aspects dans *True Romance*, et un acteur à suivre.

Stone, Oliver : Membre d'un corps d'élite de l'Infanterie au Viêt-nam, décoré (Purple Heart, Bronze Star), puis chauffeur de taxi, producteur de films, scénariste de *Midnight Express* d'Alan Parker qui lui vaut l'Oscar, il dirige *Salvador*, puis *Platoon*, nouvel Oscar, cette fois comme réalisateur, et devient l'enfant terrible du cinéma US, avec ses films polémiques et contestataires. Tel *JFK* qui accrédite la thèse du complot ou le singulier *Nixon*. Il achète le scénario écrit par Tarantino de *Natural Born Killers*, le réécrit, en le grossissant de ses propres fantasmes sur la violence et les tueurs en série. Les deux sauces sont incompatibles : le film tourne au voyeurisme complaisant, sinon à la pure abjection. De plus, Stone fait tourner des acteurs tarantiniens : Buscemi, Madsen et Tim Roth. Le résultat afflige Tarantino qui retire son nom du générique. Depuis, les deux hommes sont brouillés.

STOLTZ, Eric : Fut également présenté au Maître par Tim Roth. Cela tombait bien car Roger Avary voulait lui confier le rôle de Zed, son alter ego, dans *Killing Zoe*, film qui n'est pas sans parenté, outre l'amitié de Tarantino et d'Avary, avec *Reservoir Dogs*. Eric Stoltz jouera Lance, le dealer, dans *Pulp Fiction*.

THURMAN, Uma : Pour la postérité et le meilleur : Mia l'épouse de Marsellus Wallace dans *Pulp Fiction*, film qu'elle habite, et dont certaines scènes semblent du sur mesure pour cette égérie extraterrestre au prénom de déesse indienne (Uma Karuna), révélée par *Les Liaisons dangereuses* de Frears et le double rôle non moins significatif de Vénus et de Rose des *Aventures du baron de Munchausen* de Terry Gilliam et que l'on attend avec curiosité dans celui de Modesty Blaise, réalisé par Robert Rodriguez.

TRAVOLTA, John : Il fut Tony Manero dans *Saturday's Night Fever*, Danny Zucco dans *Grease*, à la fin des années 70. Il n'a rien perdu de son talent de danseur, il le prouve dans *Pulp Fiction* où il est aussi le tueur Vincent Vega, nouvelle figure mythique du polar américain non pour sa violence mais pour sa manière de disserter sur les hamburgers avec Samuel L. Jackson : une séquence grandiose... Désormais, l'avenir est à lui...

WALKEN, Christopher : Nul n'a oublié sa prestation et

l'Oscar justement mérité pour *The Deer Hunter* (*Voyage au bout de l'enfer*) de Michael Cimino. Non plus, ses prestations pour Abel Ferrara où il est tout aussi shakespearien en Prince de New York qu'en *Capo* de banlieue, comme restera à tous le souvenir de l'extravagante péroraison sur la montre en or de *Pulp Fiction*, comme de son apparition comme Vincent Cocotti dans *True Romance*.

WASCO, David : Il a signé les décors jansennistes de *Reservoir Dogs*, post-modernes de *Pulp Fiction*, aux coloris acidulés de confiserie artificielle et de pâtisserie industrielle. Avec *Jackie Brown*, il revient au réalisme, pour mieux jouer de l'ombre.

WEINSTEIN, Harvey & Bob : Deux frères dirigeant les productions Miramax, également distributeurs de *Reservoir Dogs, Pulp Fiction* et *Jackie Brown*.

WILLIS, Bruce : Etudes de comédien, petits jobs, la course au cacheton, et la chance : en l'occurrence, l'aimable série *Moonlighting* (*Clair de lune*) où il joue le rôle masculin leader de David Addison, ce qui lui vaut un Emmy, en 1987. Après, la série à succès des films *Die Hard* lui ouvre les portes d'or du box-office. Harvey Keitel le présente à Tarantino lors du barbecue miracle de juillet 1993, une date dans l'histoire du cinéma. Il sera Butch, le boxer de *Pulp Fiction*, traqué pour ne s'être pas allongé devant le gang de Marsellus.

ZASTOUPIL, Connie : Mama du *wonder boy*.

## SÉQUENCE 1

### *A Star is Born*

Le film de l'enfance de Quentin Tarantino aurait pu être signé Douglas Sirk, avec pour séquence prégénérique : une jeune infirmière, presque une enfant, à peine âgée de seize ans, qui se précipite, encore vêtue de sa tenue de travail, blanche, dans la pluie battante et glacée de ce 27 mars 1963, vers une ambulance qui l'attend au coin de la sinistre rue de Knoxville, Tennessee, où elle vit, seule.

Sur l'épaule, tache rouge dans toute cette grisaille de l'Amérique des oubliés du Rêve américain, un imperméable qu'elle n'a pas eu le temps d'enfiler ; à la main, une valise usée, vieillie, cabossée, elle aussi, par la vie, qui contient de maigres trésors et l'indispensable. Soudain, la frêle créature se plie en deux tandis que les ambulanciers se précipitent. Connie, c'est son prénom, sait que ses douleurs indiquent qu'elle peut accoucher d'un instant à l'autre. Elle veut avoir son bébé, comme toutes les autres mères, à la maternité, à l'abri. Là où son enfant sera en sécurité.

C'est déjà bien assez pour elle d'avoir seize ans, d'être seule dans la vie, d'avoir été abandonnée par son mari, un acteur fort peu fait pour le rôle de père qui s'embarqua, quelques mois plus tôt, sur un cargo vers des terres plus fortunées. Depuis, aucune nouvelle. Guère plus de sa famille ; l'annonce de sa maternité ne suscita aucune réaction, ni sympathie. Elle semblait dans l'ordre des choses : sa mère ne l'avait-elle pas eue à dix-sept ans ?...

Allongée maintenant dans l'ambulance, Connie pensait aussi à la mort de son père, survenue quand elle n'était encore qu'un bébé. Sa mère se remaria quand elle venait d'avoir deux ans avec un homme qui lui donna son nom en l'adoptant, mais avec lequel elle ne s'entendait pas. La famille déménagea dans l'Ohio où elle grandit, avant de partir vivre, à douze ans, chez sa tante Sadie, à Pico Rivera, Californie. Là, au moins, il y avait du soleil, nul ne lui criait après à longueur de journée, ni ne la battait ; sa tante lui apportait, enfin, la tendresse dont elle avait besoin.

Aujourd'hui, Connie a rompu définitivement avec la plupart de ses proches et sa mère : « Je ne veux pas que mes parents me retrouvent. Je ne veux pas qu'ils connaissent la réussite de mon fils. »

La page, pour elle, est définitivement tournée, oubliés ses parents, ses malheurs et sa misère. Tout cela est désormais derrière elle et appartient au passé, comme l'imperméable rouge qui a glissé de son épaule lorsqu'elle se précipitait vers les infirmiers. Démarrant sur les chapeaux de roues, le véhicule blanc a laissé dans la nuit et le crachin la pauvre défroque d'une adolescence et d'une enfance misérables.

Désormais, Connie ne rêve plus qu'au bonheur

qu'elle va offrir à son enfant. Oubliées ses relations impossibles avec sa mère alcoolique, à laquelle, depuis l'âge de dix ans, elle servait quasiment de mère, de garde-malade et de domestique... Maintenant, elle s'occupera de son enfant, et travaillera à l'hôpital pour pouvoir l'élever décemment.

Travailler ne lui fait pas peur. En fait, elle a travaillé depuis qu'elle avait une douzaine d'années dans un fast-food. De même, si elle a décidé de se marier aussi jeune, c'est bien pour échapper à l'autorité parentale, et mener sa vie comme elle l'entend. Une vie sérieuse, commençant par des études d'infirmière, puis, éventuellement, des études de médecine.

Aima-t-elle l'acteur Tony Tarantino ? Elle ne le sait toujours pas, mais il représentait pour elle un bien tout aussi important : sa liberté.

Le mariage, célébré à l'automne 1961, se termina à Knoxville, Tennessee où Connie se fit engager comme infirmière à l'hôpital local. Tony, lui, allait, selon ses dires, en reconnaissance à New York. Il ignorait, tout comme elle, qu'elle attendait un bébé, qu'ils n'allaient plus se revoir, et que leur fils serait un surdoué et l'incarnation du Cinéma, à la veille du troisième millénaire !

Un fils qui doit curieusement son nom à la télévision et à la littérature. Connie raffolait des westerns, sans doute le fait qu'elle ait rencontré Tony à cheval, influa-t-il sur leurs relations ? Quoi qu'il en soit, elle adorait en particulier la légendaire série *Gunsmoke* où Burt Reynolds incarne le fringant cow-boy, Quint Asper. Va pour Quint...

Son roman favori n'étant autre que *Le Bruit et la*

*fureur*, elle ne pouvait que songer à la similarité de destin entre Quentin, enfant d'une union sans amour et du malheur, et son propre fils. Quentin, cela fait plus distingué que Quint. Alors vive Quentin !

Cependant, la jeune femme mis plusieurs jours à réaliser qu'elle était mère, que le bébé était le sien, qu'elle n'avait pas d'autres choix que de l'abandonner ou de l'élever, seule. Mais, pour elle, il n'y avait qu'un seul choix possible : élever le nouveau-né Quentin Jérôme Tarantino. Un bien grand nom pour une aussi insignifiante créature ! Mais sait-on jamais ?

Surtout que la jeune femme était déterminée non seulement à offrir au bébé toutes les chances de réussir, mais encore à réussir, elle-même, sa vie. Pour l'instant, il s'agissait seulement, et c'était déjà beaucoup, de s'en sortir.

Aussi, pas davantage que les autres jours, elle ne trouva le temps de faire une pause durant son service. Même pas quand, ce 22 novembre 1963, toute l'Amérique se figea en apprenant l'assassinat du Président John Kennedy.

Peu après, la mère de Connie ressurgit du limbo ; elle renoua avec elle et parvint à la persuader qu'elle aussi avait tourné une page de son existence, qu'elle n'était plus la même, ayant désormais totalement cessé de boire. Après l'avoir observée et testée à différentes occasions, Connie fut convaincue que sa mère avait effectivement rompu avec l'alcool et qu'elle pouvait sans crainte lui confier la garde journalière du bébé. Son travail à l'hôpital exigeait d'elle une présence plus importante correspondant à de nouvelles responsabilités.

Ainsi, les dix-huit mois suivants, put-elle mener une existence à peu près normale et faire face aux exigences de son emploi, tout en voyant son fils en fin de semaine. En effet, sa mère habitait avec Quentin un mobile home sur un terrain de location situé à pratiquement cinquante kilomètres de son domicile. L'aller-retour effectué chaque fin de semaine exigeait bien en bus une journée entière, il fallait en changer à plusieurs reprises, mais quelle joie de retrouver le petit Quentin !

Les autres jours de la semaine, quand Connie n'était pas de service à l'hôpital, elle regardait la télévision qui repassait *Gunsmoke* ou dévorait des bandes dessinées consacrées aux superhéros, Spiderman, l'homme araignée étant son préféré. Et la voilà de repenser au passé, d'évoquer ses espoirs de faire du cinéma, de rêver à la Californie, pays de Cocagne. Ah ! Si elle pouvait y retourner !

# SÉQUENCE 2

## *La Mélodie du bonheur*

Un piano-bar, *My Old Kentucky Home* de Monrovia, dans la vallée de San Gabriel, Californie, non loin de Los Angeles, durant l'été 1965.

Au piano, Curtis Arnold Zastoupil, vingt-trois ans, une calvitie prématurée que compense un bouc soigneusement taillé, et, surtout, un sourire chaleureux et des yeux rieurs qui inspirent confiance.

Voilà de quoi rassurer Connie, la conforter dans son opinion que les hommes bien, cela existe, et que, naturellement, par voie de conséquence, elle finira par en rencontrer un.

Pour cela, et pour d'autres raisons, Connie, désormais infirmière homologuée, a fui le Tennessee pour gagner la Californie, à laquelle elle a tant rêvée. Mais elle ne l'a pas fait sur un simple coup de tête. Elle a laissé son cher Quentin à sa mère, le temps de renouer avec Tony Tarantino, avec lequel elle est toujours mariée. L'homme n'a pas trouvé ce qu'il cherchait de l'autre côté de l'océan. Il fallait s'y attendre. L'expérience ne l'a pas changé pour autant. Cependant, il travaille, et Connie lui donne sa chance. Malheureusement, l'amour ne renaît pas entre les deux époux. Et ce n'est pas l'annonce de l'existence de Quentin qui change quoi que ce soit. Cela laisse Tony relativement indifférent. Connie n'essaie nullement de lui imposer un rôle ou une responsabilité de père. De toute façon, elle a pris l'habitude de décider pour elle-même et son enfant. Aussi, aucune raison de changer en ce milieu des années 60 où justement la cause des femmes progresse intellectuellement, politiquement et civiquement. Si Connie n'est nullement militante MLF, elle n'en est pas moins en accord avec toutes celles qui exigent l'égalité des sexes, notamment en matière de salaires, ou revendiquent la liberté sexuelle et la procréation libre.

Ce n'est pas le sexe que recherche particulièrement Connie, mais quelqu'un de bien, un homme bien. A dix-neuf ans, il est normal d'être encore romantique ou idéaliste, même si la vie vous a déjà joué des tours.

Quelques semaines après leur rencontre, Connie est amoureuse du pianiste qui l'a d'ailleurs présentée à sa famille. Et ce sera le propre frère de Curt Cliff qui l'accompagnera à Knoxville pour ramener le petit Quentin et récupérer ce qui lui appartient. Une sacrée expédition...

Quentin, en effet, avait environ deux ans et demi : c'était la première fois qu'il voyageait aussi longuement en voiture. Tout était donc pour lui découvertes et nouveautés à l'exception des logos publicitaires rendus familiers par une fréquentation déjà assidue de la télévision. Pour Connie, c'était l'occasion de découvrir un petit être qu'elle avait quitté bébé.

Une personnalité déjà bien affirmée, sachant ce qu'il voulait et, surtout, ce dont il ne voulait pas. Ainsi, la jeune maman découvrit-elle que son charmant bambin ne se nourrissait que de hamburgers et de hot dogs et, encore, pas de n'importe quelle marque !

Heureusement, Quentin trouva immédiatement en Curt, à son arrivée en Californie, un père attentif et attentionné. Leur bonne entente fut immédiate. Le divorce ayant été prononcé, Quentin s'entendant bien avec sa nouvelle famille, Connie sur son petit nuage, il n'y avait pas de raison d'attendre plus longtemps pour que le mariage ait lieu.

La jeune femme n'épouse pas seulement l'homme dont elle rêvait ; elle se marie avec tout un monde, un univers culturel radicalement différent de celui dont elle vient. D'abord, elle épouse un musicien, un artiste qui non seulement lui fait découvrir la musique, mais aussi la lui fait apprécier et comprendre. Par la même occasion, cet apprentissage sera aussi celui de Quentin, même s'il est encore très jeune.

C'est la découverte du jazz, des boîtes racialement mixtes, de la Californie libre et libertaire, de son authentique libéralisme (totalement à l'opposé de sa connotation actuelle), de ses croyances en l'avenir ; bref d'un monde qui n'a rien en commun avec le Tennessee quelque peu réactionnaire qu'elle a jusque-là connu et son absence totale de vie artistique ou culturelle.

La Californie, c'est aussi l'espace. Et les deux époux, désormais, pratiquent l'équitation dans les montagnes voisines de San Bernardino, tout en chassant à l'arc et au faucon, deux des grandes passions de Curt. Connie se change donc en Marian pour les beaux yeux de son Robin Hood, et se montre aussi adroite cavalière qu'habile chasseresse. Elle manie aussi l'épée, mais son apprentissage prend fin lors d'un duel sur les balcons de leur appartement, qui les fait promptement expulser de la résidence tranquille, devenue leur chaumière et leur donjon.

Malgré toutes ses découvertes, la jeune femme n'en continue pas moins de travailler comme infirmière, mais elle songe sérieusement à se reconvertir dans l'industrie pharmaceutique pour retrouver des horaires normaux, s'accordant mieux avec sa vie de famille.

Son jeune frère, Roger, âgé de treize ans, vint s'installer avec la petite famille, quand la mère de Connie retomba dans l'alcool, peu après le départ de Quentin. Curt se borna à répondre à sa femme, quand elle lui en demanda l'autorisation : bien sûr. No problem... Voilà. Très brièvement, ce qui en dit long à son propos.

Connie, avec l'obstination qui la caractérise, finit par décrocher un emploi administratif, à un poste de direction. Curt adopta officiellement Quentin juste avant son quatorzième anniversaire. Son oncle Roger continua de vivre avec la famille Zastoupil, faisant office de frère aîné pour Quentin. Tout allait donc pour le mieux dans cette famille heureuse que Roger comparait à Disneyland, et les années qui suivirent ne furent nullement décevantes.

C'est aussi à l'âge de quatre ans que le jeune

Quentin fit la connaissance du capitaine Achab et de la formidable baleine blanche. Connie, en effet, lisait à son fils ce prodigieux chef-d'œuvre de la littérature américaine qu'est *Moby Dick*. Ce récit avait capté totalement l'esprit de l'enfant. Quentin attendait avec impatience le moment où sa mère, aussi captivée que lui, allait donner vie aux lettres magiques, pour l'entraîner très loin, par-delà les mers. La jeune femme, elle-même passionnée de lecture et de romans d'aventures qu'elle n'avait pu lire dans son adolescence, rattrapait le temps perdu. Parmi ses autres romans favoris, *L'Ile au Trésor* de Stevenson, les *Voyages de Gulliver* de Swift, et bien d'autres titres de ce que les Anglais appellent la littérature d'apprentissage. C'est-à-dire des romans qui forment les enfants à la vie en leur faisant vivre des aventures ou des situations extraordinaires et dont les auteurs appartiennent au Panthéon de la littérature mondiale : Walter Scott, Charles Dickens, Victor Hugo, Mark Twain, etc.

A cette même époque, Quentin se mit à découvrir les disques, et il s'enthousiasma aussi bien pour les comédies musicales, *Dr Doolittle* [1], d'après les histoires d'Hugh Lofting, par exemple, que pour certains chanteurs de variétés, tel que Fats Domino, dont il connaissait par cœur les paroles. A tous ceux qui voulaient bien l'écouter, il confiait volontiers qu'il serait, bientôt, acteur.

Ce qui ne l'empêchait nullement de jouer longtemps au soldat avec ses poupées militaires G.I.

---

1. Elle fut adaptée au cinéma en 1967 par Leslie Bricusse et réalisée par le grand cinéaste Richard Fleischer qui, comme son interprète principal, Rex Harrison, n'y peut mais.

Joe, qu'il ne voulait même par partager avec Todd, le seul enfant du voisinage avec lequel il acceptait de jouer. Pour tenter de le rendre un peu plus sociable, Connie acheta un chien, immédiatement baptisé *Baron* par Quentin, qui pour parachever son dressage ne trouva rien de mieux que d'assommer le malheureux en lui battant la tête contre le mur du jardin. L'enfant reconnut volontiers qu'il y était allé un peu fort. Quoi qu'il en soit, bourreau et victime devinrent inséparables. Ce qui n'empêchait pas Baron de fuguer régulièrement à la grande inquiétude de son jeune maître, l'odyssée canine se terminant généralement à la fourrière, en prison, pour prendre l'expression de Quentin.

Cependant, rien n'y faisait, Quentin préférait par-dessus tout jouer aux soldats avec ses poupées guerrières, ce qui énervait beaucoup Connie et Curt, d'autant que tous les deux étaient de farouches opposants à la guerre du Viêt-nam, tout en réjouissant les voisins lorsque le petit garçon se mettait à hurler :

KEEP YOUR FUCKING HEAD DOWN, SOLDIER ! [1]

Connie se consolait de ce militarisme incongru et bizarre en le regardant jouer avec ses représentations de superhéros, Aquaman, Batman, Superman, ayant pour leader incontestable, son préféré à elle : Spiderman. Le seul à posséder le droit de participer aux grandes batailles de son fils qui, déjà, annoncent son goût pour la mise en scène.

Malgré cette divergence quant à l'art militaire,

---

1. Garde ta foutue tête baissée, soldat !

Quentin resta toujours très proche de Connie durant son enfance. Même ses complicités masculines avec son oncle maternel Roger et son oncle paternel Cliff et sa relation filiale à l'égard de Curt n'entamèrent pas la puissance de son attachement à Connie. Tous deux semblaient grandir ensemble et découvrir la vie avec les mêmes yeux. Connie, certes, incarnait toute la force du sentiment maternel mais elle était aussi, pour son fils, une grande sœur.

Une grande sœur, incarnation de la féminité adolescente, dont on retrouvera, plus tard, différents modèles, dans ses films aux héroïnes hors du commun et aux teenagers affriolantes.

Une grande sœur qui n'hésite pas à l'emmener au cinéma voir des films que d'autres parents considéreraient exclusivement pour adultes. Ainsi *Carnal Knowledge* [1] de Mike Nichols avec Jack Nicholson, Candice Bergen et Ann Margret, que le *Guide Halliwell's* ne classe pas particulièrement parmi les comédies à caractère familial. Une autre fois, Quentin est âgé d'environ neuf ans, elle l'emmène à un double programme que des parents rigides n'auraient pas manqué de considérer comme ultraviolent : *Deliverance* [2] de John Boorman, avec dans le rôle principal, son idole incarnant Quint dans *Gunsmoke*, Burt Reynolds, et en complément de programme le fabuleux chef-d'œuvre de Sam Peckinpah, qui deviendra l'un des réalisateurs les plus admirés de Tarantino cinéphile

1. *Ce plaisir qu'on dit charnel.*
2. *Délivrance.*

ou cinéaste, *The Wild Bunch* [1], avec, nul n'a pu les oublier, l'immense William Holden, le désabusé et mélancolique Robert Ryan, le toujours méconnu Warren Oates, l'imposant Ernest Borgnine, les très grands seconds rôles Strother Martin et L. Q. Jones, et quelques autres qui firent la grandeur du cinéma hollywoodien.

Certes, la violence de ces films a dû quelque peu marquer l'enfant, mais a priori celle des films de Tarantino ne relève pas du sanguinaire où d'une pathologie particulière indiquant des traumatismes occasionnés par le cinéma et remontant à l'enfance. Il est facile de remarquer l'humour et la distance qui constamment président à sa manière de diriger une scène et de filmer. Tarantino est aussi bien l'œil de la caméra qui projette les images que celui du spectateur qui reçoit et enregistre l'histoire.

Aujourd'hui, Connie se défend d'avoir pu bouleverser de quelque manière que ce soit son fils avec ce type dc films qui, désormais, appartiennent à l'histoire du cinéma et à son patrimoine.

Comme beaucoup d'autres enfants de son âge, toutes générations confondues, il fut davantage traumatisé par la mort de la mère de Bambi. Quentin, après vingt minutes de projection, demanda à sa mère de rentrer à la maison. Il est certain que Bambi a été pour beaucoup d'enfants une véritable découverte de la mort, une initiation de la perte possible d'une mère, d'un père ou d'un très proche parent. Apprentissage d'autant plus dur qu'il passe à travers un film destiné à l'enfance, et cela dans

1. *La Horde sauvage.*

une société dissimulant de plus en plus l'issue fatale, qui est l'essence même de notre existence, et que l'on se garde bien d'aborder dans le cadre scolaire.

S'il fut également choqué par l'un des épisodes de *The Flintstones* [1], dessin animé naturellement destiné aux enfants, Quentin ne fut pas autrement ému par la violence véhiculée par *Joe* [2] prétentieux navet réalisé par John G. Avildsen, opposant l'Amérique profonde des *Red necks* [3] à la morale permissive des hippies. On peut cependant douter qu'il s'agisse de l'une de ses œuvres de référence. A sept ans, Quentin dévore tout ce qui lui tombe sous les yeux ; il lit tout. Aussi bien des revues de BD, que des nouvelles ou des romans. Et le plus souvent, en édition bon marché qui ont repris la tradition grandiose des *Pulps* des années 20 et 30. Quand il ne regarde pas un film à la télévision, il est au cinéma. Et, pour lui, aller au cinéma, cela signifie non pas voir un film ou un double programme, mais assister à toutes les séances, et visionner certains films trois ou quatre fois à la suite. Le cinéphile, à l'époque, sommeille sous le cinéphage. Plus tard, avec sa passion de la vidéo, il en sera de même du cinéaste tapi dans le cocon de la chenille cinéphile, attendant le miracle de sa mutation.

1. *Les Pierrafeux.*
2. *Joe, c'est aussi l'Amérique.*
3. Nuques rouges ; travailleurs manuels.

## SÉQUENCE 3

### *Un vrai cinglé de cinéma*

A huit ans, la passion de Quentin pour le cinéma ne connaît plus de limites. Il s'est entiché de films d'horreur, de ces séries Z à maigre budget qui font les double programmes des matinées à un dollar du samedi.

Ainsi adore-t-il *Frankenstein Meets the Wolf Man*, écrit par Curt Siodmak et réalisé par Roy William Neill, interprété par ces deux monstres sacrés et légendaires que furent Bela Lugosi et Lon Chaney Jr. C'est par lui-même qu'il comprit les distinctions entre les genres et les séries cinématographiques, tout en remarquant qu'un film à petit budget, s'il était pauvre en moyens techniques, pouvait par contre être riche en idées et inventions de toutes sortes. De même, la modestie financière de sa production faisait que sa responsabilité technique et créatrice reposait souvent sur le réalisateur, ajoutant ainsi à son indépendance et à sa liberté de création. On peut affirmer que la série B n'a pas contribué pour peu à la réussite du cinéma américain, non seulement parce qu'elle fut une bien meilleure école pour les réalisateurs que la télévision, la publicité et aujourd'hui, hélas, les clips, mais aussi parce qu'elle permettait d'aborder en toute indépendance, même si c'était par la bande, des sujets inacceptables autrement. Que seraient le polar et le western américains sans des œuvres de série B comme celles signées Abraham Polonsky *(Force of Evil* [1]*)*, Orson Welles *(Touch of Evil* [2]*)*, Samuel Fuller *(Forty Guns, Run of the Arrow, Pick-up on South Street* [3]*)*, Jacques Tourneur *(Out of the Past, Ways of a Gaucho* [4]*)* Edgar G. Ulmer *(The Naked Dawn* [5]*)*, Budd Boetticher *(Seven Men from Now, Commanche Station* [6]*)* ou Joseph H. Lewis *(Gun Crazy, Terror in a Texas Town* [7]), et tant d'autres...

Que serait aussi ce cinéma sans la série Z ? Tarantino n'a pas attendu Tim Burton pour s'intéresser à Ed Wood (une trentaine de films, une quarantaine de livres érotico-fantastiques que l'on peut classer parmi les pulps), à Edward L. Cahn ou à William Whitney, etc.

La boulimie culturelle de Tarantino se manifesta assez tôt pour que cet autodidacte ne puisse se référer qu'à ses propres expériences en matière de cinéma. On ne s'intéressait guère aux Etats-Unis, au milieu des *seventies*, à des sujets aussi spécifiques que les séries B ou Z. L'Amérique lorgnait

---

1. *L'Enfer de la corruption.*
2. *La Soif du mal.*
3. *Quarante tueurs, Le Jugement des flèches, Le Port de la drogue.*
4. *La Griffe du passé, Le Gaucho.*
5. *Le Bandit.*
6. *Sept hommes à abattre, Commanche Station.*
7. *Le Démon des armes*, inédit.

encore sur le cinéma européen, sur son aspect le plus souvent redoutable de cinéma intellectuel. Elle s'en est remise ; les Européens, à peine. Le cinéma français, lui, vaque toujours à ses tempêtes dans un verre d'eau, à ses films socio-culturels empreints de démagogie et de clichés ou à sa philosophie pour bonniches montées en graine ou métaphysiciens de comptoirs.

Les Américains ont, enfin, redécouvert la diversité de leur cinéma : les cinéphiles, sur le tas ; la grande majorité en s'inspirant des travaux de la critique française qui a toujours défendu le cinéma américain, notamment dans *Les Cahiers du Cinéma* première période (couverture jaune), *Positif* (deuxième époque), ou la désormais mythique *Présence du Cinéma*, émanation de ces ciné-clubs non moins légendaires aux rares affidés, le *Nickel-Odéon* et *le Mac-Mahon*. Reconnaissons que le très jeune Tarantino avait déjà un flair de chien de race tout comme il possède aujourd'hui un extraordinaire sens de l'air du temps.

Autre redécouverte tarantinienne qui, si elle n'apporte rien à l'histoire du cinéma comique et burlesque américain, n'en est pas moins révélatrice du goût du petit Quentin pour l'humour, la parodie et le pastiche, intérêt porté à son extrême dans *Pulp Fiction* : les duettistes Abbot et Costello qu'il voit pour la première fois dans *Abbott and Costello Meet Frankenstein* [1] que l'on peut vraiment tenir pour un petit chef-d'œuvre puisqu'il réunit, outre

1. *Les Deux nigauds contre Frankenstein* (1948) réalisé par Charles T. Barton.

les deux comiques, des comédiens tels que Bela Lugosi, Lon Chaney Jr. et Glenn Strange dans les rôles de Frankenstein, bien sûr, mais encore de Dracula et du Loup-garou : la totale en matière de distribution... même s'il faut déplorer l'absence de la Momie !

Autre très grande nouveauté : Disneyland et ses attractions qu'adore immédiatement Quentin, avec, cependant, une préférence pour les reconstitutions qui vous donnent l'impression de vivre le spectacle, d'être passé dans un monde de légendes et d'aventures. La préférence de Quentin va, on s'en douterait, à deux thèmes d'inspiration cinématographique : les Pirates des Caraïbes, le capitaine Némo et son Nautilus. Y assister revient pour l'enfant, en extase, à glisser dans une autre dimension, à vivre à l'époque qui s'y rapporte en oubliant un présent, parfois fastidieux, comme l'école.

Une école dans laquelle ce gamin indépendant, habitué à jouer seul et à choisir ce qui l'intéresse, ne se plaît guère. Selon les cours, il fait preuve de la plus extrême agitation ou de la plus grande prostration, tout en semblant être, la plupart du temps, ailleurs. A croire que Quentin s'échappe des aspects déplaisants de la réalité pour se rêver une vie plus passionnante, celle qui existe au cinéma ou dans les livres. A sa manière, il n'est pas loin d'être un nouveau Walter Mitty [1] s'évadant d'une existence banale pour mener la plus aventureuse des vies.

Naturellement, professeurs et surveillants remar-

---

1. *La Vie secrète de Walter Mitty* (*The Secret Life of Walter Mitty*) réalisé par Norman Z. McLeod, avec Danny Kaye.

quent ce comportement immédiatement considéré comme pathologique et convoquent les parents pour les informer que leur enfant ne correspond en rien aux normes moyennes de l'écolier américain. Ils notèrent plus particulièrement ses périodes d'hyperactivité et conseillèrent aux Zastoupil de le faire soigner.

Connie refusa de mettre son fils sous tranquillisant. Elle accepta cependant les tests d'intelligence, et il en ressortit que Quentin avait un quotient intellectuel de 160, selon leurs normes. Bref, il s'avérait que le petit Quentin était aussi un *Petit Génie* ! Voilà qui fait plaisir à une mère mais déconcerte immédiatement une théorie de professeurs et autres crânes d'œuf. C'était inconcevable, c'était un défi à la raison, une insulte à l'intelligence et aux bons élèves...

On lui fait repasser les tests. A nouveau, Quentin affiche un Q.I. de 160.

Comme pour tous les surdoués, le véritable problème résidait dans le fait que Quentin ne s'impliquait ou ne faisait d'effort que dans les matières qui l'intéressaient. Par exemple, l'histoire où il excellait. De plus, souvent livré à lui-même, Connie, ayant enfin un poste de responsabilité dans l'industrie pharmaceutique, n'était plus là pour le faire travailler. Il passait des heures à regarder la télévision et ses séries interminables. De plus, il ne fréquentait guère ses camarades de classe. Seul, le cinéma le passionnait et comptait pour lui.

Ses goûts s'élargirent encore après avoir vu *le* film-culte des *Sixties, Easy Rider*, réalisé par Dennis Hopper, interprété par Jack Nicholson et Peter

Fonda, et surtout l'assez méconnu *The Savage Seven* de Richard Rush [1], par ailleurs déjà réalisateur de *Hell's Angels on Wheels* (*Le Retour des Anges de l'enfer*), il ne jure plus que par le jeune cinéma indépendant californien. Un cinéma contestataire et révolté que réprouve, bien entendu, l'Establishment ou l'Amérique profonde. Curt est à l'origine de cette découverte ; c'est malheureusement la dernière qu'il fera faire à celui qu'il éleva comme son fils.

En effet, après plus de six années de vie commune, Connie et Curt décidèrent de se séparer. Leur rupture intervint quelque temps après qu'ils eussent loué une maison dans la petite communauté d'El Segunda, sur le littoral de South Bay. Quentin rentra de l'école un après-midi et ne put que constater l'absence de son beau-père. Connie refusa de répondre aux questions de son fils, et se déclare, encore aujourd'hui, incapable d'en discuter, même si elle reste toujours en contact avec celui que Quentin considère toujours comme son père.

Un malheur n'allant jamais seul, ou, plutôt, conséquence physiologique d'une séparation traumatique, Connie tomba très vite malade : elle souffrait de graves maux d'estomac au point de devoir consulter des médecins qui suspectèrent une maladie d'Hodgkin, mortelle à très court terme !

On imagine l'affreuse surprise de Connie, qui ne doutant pas des échos favorables qui lui sont parve-

---

1. On doit également à Richard Rush un chef-d'œuvre *The Stuntman* (*Le Diable en boîte*, 1980) avec Peter O'Toole et la sublime Barbara Hershey.

nus sur la *bonne* conduite de sa mère désormais sevrée d'alcool, n'a pas d'autre solution que de lui confier Quentin.

Hélas ! la réalité n'est pas aussi idéale. Certes, Grand-Mère a arrêté de boire, mais d'autres problèmes lui gachent la vie : elle est couverte de dettes ; ses ex-petits copains continuent de lui rendre visite à n'importe quel moment de la journée ; de plus, sa maison fait partie des bonnes adresses que se refilent les hippies et les trimardeurs. Enfin, tout Knoxville et sa région la connaissent pour ses talents de distillateur d'alcool de contrebande et l'extrême éclectisme de sa clientèle.

De plus, et il fallait bien s'y attendre, la maison est un véritable taudis où nul ne s'aventure jamais à faire le ménage. Quentin connaît bien ce genre de décors, ils évoquent irrésistiblement pour lui la planque minable du gangster en cavale. A la différence près que c'est lui qui est en cavale !

Et que le rôle du gangster convient mieux à la Grand-Mère, qui est, en réalité, une sémillante quadragénaire, un peu abîmée par l'alcool et totalement dépourvue d'instinct maternel. D'autant plus que pour fêter l'arrivée de Quentin, elle se remet à boire et que de plus, elle a l'alcool mauvais. Funeste conjonction pour notre héros qui encaisse quelques magistrales raclées dont il se souvient encore. Au point de les avoir évoquées publiquement, lors d'une émission de télévision, où il s'agissait de s'attarder sur la nostalgie que pouvait inspirer aux invités leur jeunesse commune au Tennessee. L'évocation de Tarantino se termina dans un silence glacial à la mesure des basses températures hivernales de la petite patrie de Davy Crockett. Le sujet ne fut plus jamais abordé par les journalistes...

Les mois passèrent, les coups pleuvaient tous les jours. Parfois, ils redoublaient pour un rien. Pour rien. Le gamin se demandait ce qu'il avait bien pu faire pour se retrouver dans un tel enfer. Il n'avait vraiment pas mérité ça.

Pendant ce temps-là, Connie était bien trop occupée de sa mort prochaine pour réaliser ce qui se passait au Tennessee. D'autant plus qu'elle téléphonait régulièrement à Quentin qui lui soutenait que tout allait bien.

Le gamin connaissait cependant de rares instants de bonheur quand son aïeule, la mère de sa grand-mère, inquiète, venait le chercher pour le prendre quelques jours chez elle.

Ces instants bénis demeurent pour le cinéaste de merveilleux souvenirs associés aux histoires et sagas irlandaises remplies de violence et de poésie, aux amours légendaires plus fort que la mort que lui racontait l'ancêtre. A leur façon, ils participeront aussi de la mythologie fondatrice de l'artiste.

C'est également à cette même époque qu'il découvre l'amour. Le plus platonique qui soit, en allant voir *Circus World* [1] où la magnifique Claudia Cardinale fait des galipettes dans le foin avec

---

1. *Le plus grand cirque du monde* (1964) réalisé par Henri Hathaway d'après un scénario de Ben Hetch, Julian Halevy, James Edward Grant d'après un sujet de Philip Yordan et Nicholas Ray. Avec John Wayne, Rita Hayworth, Claudia Cardinale, John Smith, Lloyd Nolan, Richard Conte.

un comédien dont il envie toujours le rôle. Une fois de plus, Tarantino n'avait pour fuir la réalité que le cinéma.

A des milliers de kilomètres de lui, le mauvais mélo tournait à la très mauvaise farce. Cinq mois après les examens, Connie en faisait d'autres, chez un autre spécialiste, dans une autre unité médicale. Fausse alerte ! Connie n'avait jamais souffert de la maladie d'Hodgkin !

En réalité, il s'agissait d'une belle bavure médicale qui aurait pu avoir des conséquences encore plus dramatiques que les six mois en enfer qui avaient séparé un petit garçon et sa mère.

Une façon pour Quentin de continuer son apprentissage de la vie...

## SÉQUENCE 4

## *California Split*

Pour oublier cette terrible épreuve, tout comme pour en terminer avec tout ce qui pouvait se rattacher à son mariage raté avec Curt, Connie qui, petit à petit, gravissait les échelons hiérarchiques de l'entreprise où elle travaillait, estima que ses revenus lui permettaient de déménager. Elle ne comptait pas aller s'installer très loin ; ses moyens ne lui permettaient pas de prétendre pour l'instant à autre chose que South Bay, mais cela lui convenait. Elle pouvait espérer trouver une maison particulière à son goût dans la partie la mieux fréquentée de Torrance, dans un quartier paisible, loin des gangs de motards californiens dont les méfaits remplissaient les journaux locaux en cet été 1973 et à bonne distance des émigrés mexicains, des clochards blancs et des blacks misérables, tous délinquants ou supposés tels à leurs heures, du moins, selon la rumeur publique.

Il fallait aussi soigneusement éviter la proximité des raffineries pétrolières dont les fumées défiaient les jeunes écologistes. Connie prit son temps. La mort accidentelle de Baron, le chien de Quentin, ou, plutôt, son frère, son confident, son ami de toujours, renversé par une auto, bouleversa le jeune garçon, à peine de retour de chez sa grand-mère, et toujours traumatisé par son séjour. Pour lui, c'était une perte irremplaçable, une partie de son enfance et de sa courte vie qui disparaissaient. C'était la perte d'un authentique membre de la famille !

Le déménagement contribuerait au deuil de Quentin. Il en marquerait la fin, aussi bien que l'adoption d'un nouveau chien Condé Azul. Mais il fut bien vite entendu que Baron était irremplaçable, ce qui n'empêchait nullement le nouvel élément d'avoir ses qualités. Ainsi se mettait-il à hurler à la mort quand d'audacieux nageurs décidaient après avoir plongé, de rester sous l'eau. Encore fallait-il avoir une piscine pour le savoir.

Et, justement, la nouvelle maison disposait entre autres emménagements d'une splendide piscine. Après quelques cours intensifs de natation, Quentin, qui détestait les sports, put enfin se comporter dans l'eau comme le plus authentique des Californiens. Ses progrès permirent bientôt de découvrir la psychose entretenue par Condé Azul à l'égard de tout ce qui peut arriver sous l'eau. Différents incidents amenèrent aussi à constater que le chien pouvait se montrer très susceptible et sensible aux taquineries et moqueries diverses.

Cette maison et la piscine qui la flanquait furent un heureux investissement dans la mesure où elles sociabilisèrent quelque peu Quentin. En effet lui, le solitaire, l'excentrique, le *Geek* [1] qui faisait bande à

---

1. Monstre, attraction foraine monstrueuse créant la répulsion.

part [1], devint rapidement le plus populaire de la classe en invitant ses camarades à passer l'après-midi près de sa piscine.

Ces « mondanités » nouvelles ne distrayaient pas pour autant Quentin de sa raison de vivre, le cinéma. A la même époque, il tomba amoureux d'une fille de son âge. Pas n'importe laquelle cependant, la star enfant Tatum O'Neal, fille de Ryan (*Love Story, Barry Lindon*), à laquelle il consacra quelques scènes émouvantes du scénario qu'il s'était mis à écrire. Et ce fut de la folie lors de la remise des Oscars quand Tatum fut récompensée pour son interprétation dans *Paper Moon* [2] de Peter Bogdanovich, aux côtés de son père, de Madeline Kahn et John Hillerman.

Cela lui prit des mois avant qu'il ne réalise vraiment qu'il ne pourrait pas rencontrer la jeune star ou passer une journée avec elle. Il finit par se résigner et reprit pour ses condisciples son rôle habituel de *Geek*.

Faire l'idiot lui évitait bien des tracas ou des corvées, cela n'était pas pour lui une manière provocante d'afficher son identité, mais davantage une façon de se cacher pudiquement derrière de monstrueuses pitreries provocantes. En effet, à douze ans, Quentin était toujours l'enfant sensible qui pleurait aux malheurs de Bambi, tout en déplorant l'absence de celle qui aurait dû le consoler. En

---

1. *Bande à part* est aussi le titre d'un film de Jean-Luc Godard fort prisé par Tarantino qui donna ce nom à sa société de production A Band Apart Productions, à laquelle est associé Lawrence Bender.

2. La barbe à papa.

effet, depuis peu, Connie avait enfin les moyens de voyager, de trouver un remède à l'échec de ses deux mariages en rencontrant d'autres gens et en découvrant d'autres pays. Elle n'avait pas jugé bon que son fils l'accompagne, elle pensait en toute bonne foi que cela ne l'intéressait pas.

Alors Quentin se retrouvait seul, livré à lui-même, mais cependant tenu à l'œil par l'employée de maison, ce qui ne l'empêchait pas de fréquenter les deux salles voisines, *The Carson Twin Cinema*, situées dans un quartier plus mal fréquenté que le sien. Il y découvrit les productions et les réalisations de Roger Corman dans des double programmes comprenant ainsi *The Student Teachers* et *Night Call Nurses* de Jonathan Kaplan, dont on peut préférer *Violences sur la ville* (*Over the Edge*) ou bien *Cockfighter* du grand Monte Hellman adapté du chef-d'œuvre de Charles Willeford [1] avec Warren Oates et Ed Begley et le non moins excellent *Caged Heat* réalisé par Jonathan Demme, qui nous donnera plus tard *Le silence des agneaux*, et où l'on peut admirer Barbara Steele.

Il en profitait aussi pour fréquenter le *Del Amo Mall Theatre*, spécialisé dans les productions hollywoodiennes. C'est dans ce cinéma qu'il vit pour la première fois *Carrie* de Brian de Palma, qui allait devenir l'un de ses cinéastes favoris, film où il découvrit aussi celui auquel il allait offrir une nouvelle carrière, John Travolta. Cette adaptation de l'un des plus célèbres romans du *wonder boy* de

---

1. *Combats de coqs*, collection Ecrits Noirs, Editions Rivages.

l'horreur, Stephen King, allait ouvrir de nouveaux horizons au jeune cinéphage.

Incidemment, ce film allait aussi modifier ses conceptions vestimentaires : désormais, il suivrait, pour un temps, la mode Travolta, son nouveau Brummel, ou du moins la manière de se vêtir qu'il avait choisie pour le film. On la qualifierait aujourd'hui de *grunge*, tendance Deschiens néo-plouc.

Il décide aussi à cette époque de noter tous les films qu'il voit, d'établir des fiches concernant les réalisateurs et les scénaristes. Il finira par dresser une liste de ses films favoris, près d'une centaine de titres pouvant être modifiée à tout instant, que nous donnerons plus loin.

Liste d'un éclectisme total révélant le cinéphile autodidacte, le vrai cinglé de cinéma et le cinéphage impénitent. Elle est aussi le choix rigoureux d'un réel aficionado, à qui on ne la fait pas ; c'est-à-dire d'un véritable amateur capable d'apprécier un cadrage et de goûter à un mouvement d'appareil aussi savant que justifié. C'est cette culture cinéphilique touche-à-tout qui lui permettra de mieux comprendre le cinéma, notamment l'évidence qu'il peut y avoir de placer sa caméra au bon endroit. Et l'on peut supposer qu'il n'y en a qu'un seul.

Il ne sait pas encore qu'*un travelling est une affaire de morale*, comme l'écrit Godard, tout comme il ignore encore qu'Howard Hawks (futur n° 1 de ses réalisateurs favoris) est *le cinéaste de l'Evidence*, non par ce qu'il montre mais parce qu'il le montre à hauteur d'homme. Mais, confusément, le tout jeune cinéphile pressent tout cela. Il aura le temps et l'intelligence de le découvrir par lui-même. De tout ceci, le professionnel saura se souvenir, ainsi qu'il nous le prouve aujourd'hui.

Cette période est aussi celle d'autres découvertes. Connie entreprend son éducation sexuelle en lui expliquant, descriptions à l'appui, les différences physiques entre les sexes. Elle le fait scientifiquement et cliniquement, d'une façon qui aurait pu le dégoûter à jamais de l'amour. Quoi qu'il en soit, Quentin, films pornos obligent, avait déjà sa petite idée sur la question...

Il se fait aussi un ami, Kevin Minky qu'il rencontre à l'Ecole Chrétienne Hawthorne où Connie l'a inscrit, non par croyance ou convictions, mais parce qu'elle était mieux fréquentée que l'école locale réputée pour ses gangs d'adolescents et ses nombreux dealers. Encore un moyen de protéger Quentin de la dure réalité des choses, qu'il connaît mieux que sa mère. Ainsi a-t-il souvent protesté de la condition misérable réservée aux Blacks, Chicanos et autres Petits Blancs déshérités...

Son ami Kevin, lui, va lui faire découvrir la religion, et les deux copains iront, n'en déplaise à Connie l'incroyante, au Temple protestant, tous les dimanches. Toujours curieux, Quentin va étudier le christianisme, tout en se passionnant pour la métaphysique.

Cette expérience dura deux ans, le temps qu'il devait rester dans cette école. Se posait pour Connie le choix d'un établissement d'enseignement secondaire. Malgré ses fréquentations multiraciales et pluriculturelles, elle ne voyait toujours pas d'un bon œil l'entrée de son fils dans un établissement public réputé criminogène. L'ordre n'y régnait pas toujours, et la violence y était quotidienne. Cela n'effrayait nullement Quentin qui, plus que jamais, était curieux de découvrir de nouvelles facettes de cette Amérique qu'il ne connaissait vraiment qu'à travers le cinéma.

Le fils et la mère finirent par trouver un compromis, un collège financé par les deniers publics et portant le nom de Norbonne, sis à la lisière de Torrance.

Quentin avait alors quatorze ans. Il ne fut pas accueilli avec le tapis rouge par ses maîtres et condisciples. Il n'était qu'une tête de plus parmi le troupeau bigarré et bagarreur. Et on lui apprit vite les règles du jeu : fermer sa grande gueule et ses yeux pour que l'on vous fiche la paix. Sinon, la raclée ou bien pire encore...

Corollaire de cet axiome : se fondre dans la masse anonyme et être invisible, ce qui, comprit très vite l'adolescent, vous permet d'entrer et de sortir à votre convenance. Voire de ne pas venir du tout, et être néanmoins considéré comme présent !

Super, quand on est ado, et que l'on a envie de découvrir à défaut du vaste monde, la rue et ses tentations. Quentin se plia facilement à cette nouvelle discipline qui arrangeait ses petites affaires et convenait à son goût illimité de la découverte. Il allait pouvoir satisfaire ses appétits cinéphiliques pour deux dollars le double programme en matinée dans les nombreux cinémas locaux. Une aubaine, ne pouvait-il s'empêcher de songer.

La première partie de l'année scolaire fut paradisiaque. Quentin combla certaines de ses lacunes dans le domaine du polar et du western, s'offrit une cure complète des productions A.I.P. [1], rendit hommage à Allied Artists [2], découvrit Russ Meyer [3] et resta de marbre devant quelques pornos par trop *soft* [4] tout en avalant sa ration de nanars insauvables. Il gagna cette année-là ses galons de cinéphile.

Il y gagna une non moins méritoire scène de sa mère quand elle apprit qu'il préférait la fréquentation des salles obscures à celle des classes austères. Connie voulait qu'il quitte l'école et prenne un travail plutôt que de le voir tourner mal dans la rue en fréquentant forcément des gangs d'adolescents. A quinze ans, il dépassait le mètre quatre-vingts de rigueur chez les Yankees bien nourris. Il était déjà très mature, ayant été à l'école de la rue, malgré la surveillance par ailleurs très relative de sa mère. Il avait appris à survivre dans les endroits mal fréquentés de Los Angeles et savait se servir de ses

---

1. American International Pictures, compagnie indépendante qui produisit sous la direction de Samuel Z. Arkoff à la fin des années 50 des films fantastiques (*Voodoo Woman*, réalisation : Edward L. Cahn), des films d'épouvante (*Le Puits et le pendule*, réal. : Roger Corman), repêcha l'immense Jacques Tourneur (*Comedy of Terrors*), après avoir donné sa chance comme réalisateur et producteur à Roger Corman qui découvrit Coppola, Dante, Scorsese, Hellman ou Bogdanovich...

2. Autre compagnie de production indépendante de films B.

3. D'une certaine manière, le José Benazeraf américain (avant les vidéo-pornos, s'entend) en tout cas *Le Roi des Nudies* quand il était photographe à *Play Boy*, quasi-inventeur du porno soft, son *Immortal Mr Tears* rapporta un million de dollars en 1959, le tour de poitrine de ses *Vixens* et *Ultravixens* est encore dans la mémoire de tous les cinéphiles.

4. Soft : doux. L'acte sexuel n'est pas montré. La pénétration est simulée.

poings. De plus, il faisait plus que son âge et sa carrure impressionnait ceux qui auraient pu se laisser prendre à « sa bonne bouille de mangeur d'ice-cream ». Quant aux autres, il savait leur inculquer un peu de respect à grand renfort de manchettes et, si le besoin s'en faisait sentir, de coups de boule. Des copains plus âgés, les seuls qu'il daignait fréquenter, lui avaient appris à se défendre tout comme ils l'avaient initié à l'art de lever le coude. Il avait donc développé un réel penchant pour la bière mais n'avait que rarement les moyens de payer une tournée et de rincer ses potes les plus proches.

Quentin était au bout de ses ressources, Connie avait beau lui donner de l'argent de poche, il n'arrivait pas à joindre les deux bouts : le ciné et la bière, cela finit par coûter cher. De plus, sa mère menaçait de ne plus rien lui donner, s'il ne faisait même pas l'effort de trouver du travail...

Condamné à vivre d'expédients, il se débrouillait plus mal que bien ; un jour, alors qu'il glandait dans un magasin K-Mart, il fut tenté par le dernier titre d'un romancier qu'il avait découvert trois ans auparavant et le subtilisa. Sans doute avait-il mal assimilé ses polars favoris...

Il se retrouva quelques minutes plus tard ceinturé à la sortie par un agent de sécurité qui le remit à la police. Une heure après, un véhicule blanc et noir de la police municipale de Torrance s'arrêtait devant le domicile de Connie. Quentin, menottes aux poignets, en sortait, l'air quelque peu piteux. Connie, naturellement, était furieuse. Elle n'avait jamais lésiné sur l'achat de livres ou de disques. De plus, alors qu'elle faisait le ménage dans la chambre de son fils, elle avait rangé dans un tiroir un billet de cinq dollars qui traînait sur un meuble.

Cette fois, Quentin dépassait les bornes...

Une fois encore, Connie se blamait : elle travaillait trop et ne s'occupait pas assez de son fils, qui, de plus, n'avait pas de père. A cela s'ajoutait cette fichue école remplie de délinquants ou de vauriens. Un peu plus, et elle aurait accusé le cinéma et la télévision...

Heureusement, les policiers se montrèrent compréhensifs devant le comportement de la jeune femme et de son fils. (D'habitude, les parents les insultaient.) Il n'avait rien d'un délinquant chevronné, à moins d'être un excellent comédien ; au commissariat, à bout de nerfs, il avait éclaté en sanglots. Il s'était montré si nerveux et affecté par sa mésaventure qu'ils avaient décidé de passer l'éponge. Le commerçant ne portant pas plainte, ils se limiteraient à un simple avertissement.

S'il ne fut pas inquiété par la justice, Quentin supporta la rage froide de sa mère durant tout l'été 1979. Elle ne l'autorisait à sortir que pour des activités extrêmement précises, comme sa participation en tant qu'acteur à l'Atelier Théâtral de la Communauté de Torrance. Notamment dans la pièce *Two and Two makes Sex* où il interprétait le rôle d'un mari quadragénaire, avec une maturité incroyable pour un garçon de son âge, dont, en plus, c'était la première expérience véritable sur les planches.

Son apparition dans *Roméo et Juliette* où il tenait le premier rôle masculin laissa un souvenir qui perdure encore aujourd'hui parmi les membres les plus anciens de la troupe.

Le surdoué refaisait surface dans son élément primordial, au grand étonnement de sa mère qui ne reconnaissait plus son enfant dans l'inconnu protéiforme criant son besoin d'amour et son désespoir de vivre dans la nuit shakespearienne et elle ne savait plus lequel des deux elle avait enfanté.

On se doute que son interprétation ratée de délinquant juvénile fut vite oubliée...

Mais déjà, l'adolescent aux mille et un visages rêvait d'un nouveau rôle qui allait lui permettre de faire son entrée dans le monde du cinéma, certes par la petite porte. Mais c'était déjà cela, et puis à son âge, on peut encore croire au Rêve Américain, et rêver de devenir ouvreur de cinéma !

# SÉQUENCE 5

## *What's new Pussycat ?*

Faisant plus que ses seize printemps, le jeune Quentin ne doutait pas un seul instant de décrocher le poste d'ouvreur dans le seul cinéma survivant de Torrance.

C'est une pochette d'allumettes qui révéla à Connie que son fils travaillait pour le *Pussycat Theatre*.

Il lui répondit qu'il y était ouvreur, comme il le lui avait déjà annoncé ; et que, d'autre part, il n'y avait pas d'autre choix possible à Torrance, ce cinéma étant le dernier à être encore ouvert.

Connie pensa, sur le moment, que le sol allait se dérober sous ses jambes. Elle était sidérée par la réaction de son fils qui considérait cet emploi au même titre qu'un autre...

Ce qui était, selon elle, impossible.

Il ne s'agissait pas d'un cinéma comme un autre !

En effet, la survivance du *Pussycat Theatre* ne s'expliquait que par le fait que ce cinéma s'était spécialisé dans les films pornographiques que l'on peut qualifier de *Hard*.

Très, très dur pour Connie. Et, puis, après tout... l'important était que Quentin ne soit pas livré à lui-même dans la rue. Ce cinéma, après tout, n'était pas un lieu de perdition ; sinon il serait fermé. Connie réfléchissait vite, ne regardant que les arguments positifs en faveur de cet emploi et des conséquences qu'il pourrait avoir sur la vie et la personnalité de son fils.

Une fois de plus, mise devant le fait accompli, elle ne put que s'incliner.

Malgré tout, c'était un sale boulot, un travail qui n'était pas de tout repos. Il fallait en imposer à la clientèle ; une clientèle pas très reluisante et souvent agressive. La carrure de Quentin s'avérait généralement dissuasive. Parfois, l'ouvreur se transformait en videur. Là, les leçons apprises sur le tas, à l'école des rues, étaient on ne peut plus profitables. Elles suffisaient à convaincre les clients les plus récalcitrants...

Connie avait trouvé une nouvelle raison de se faire du tracas : les grasses matinées de son fils quand il ne travaillait pas. Comme la plupart des adolescents, Quentin avait besoin de sa ration de sommeil. Se couchant tard, très tard, il ne pouvait que se lever extrêmement tard. Ainsi va le monde !

Elle se torturait bien évidemment par rapport à l'affreuse culpabilité ressentie à l'égard de son fils qu'elle élevait désormais sans la moindre figure paternelle de substitution. Donc, tous les prétextes étaient bons pour alimenter sa mauvaise conscience. La rumeur publique voulait que les drogués soient tous enclin à des sommeils prolongés et à des états léthargiques, durant la journée. Aussi ne pouvait-elle que s'interroger par rapport à son fils qui connaissait des périodes d'hyperactivité suivie de moments de relâchements fort longs, avec parfois une petite sieste, après le déjeuner. En plus, quand il ne faisait rien, Quentin semblait perdu dans ses rêves, ailleurs, dans un autre monde.

Tous ces signes inquiétaient Connie, et elle décida de surveiller son fils, de fouiller ses affaires personnelles à la recherche de drogues, d'alcool ou de produits pharmaceutiques. Naturellement, elle ne trouva rien. Pis, elle se fit prendre sur le fait, comme si sa mauvaise conscience l'avait exigé. S'ensuivit une altercation dont les dialogues ont été souvent repris dans d'épouvantables séries californiennes pour adolescents. Nous n'insisterons pas sur ce grand moment du drame parental, indispensable à tout roman familial.

Naturellement, l'effet recherché ne fut pas atteint. Sauf qu'il conforta encore un peu plus Quentin dans sa résolution de se trouver un appartement, afin de pouvoir vivre sa vie à sa façon et selon ses goûts. Après tout, n'était-ce point ce que sa mère avait fait toute sa vie ?

Si Connie avait mieux fouillé les affaires de son fils, elle n'aurait pas manqué de découvrir sa véritable drogue, en l'occurrence une liasse de papier pour machine à écrire dont les pages étaient retenues ensemble par une pince. Sur le premier feuillet, on pouvait lire :

CAPITAINE PEACHFUZZ AND THE ANCHORY BANDIT

Il y avait consacré des heures et des heures de réflexion, dans la solitude la plus totale. C'était aussi l'aboutissement de sa jeune culture cinéphilique ou, du moins, l'une de ses premières manifestations créatrices. D'autres suivront dans les années à venir.

Peu de temps après cette perquisition, l'attention de Quentin fut attirée par une petite publicité, publiée dans une revue de cinéma, pour les cours et les stages d'une école de comédiens dirigée par James Best, à Toluca Lake, à une petite cinquantaine de km de Torrance. Surtout connu pour ses interprétations dans des séries ou des feuilletons télévisés, James Best évoquait pour Quentin les jours bénis passés chez son aïeule où il regardait la série *Dukes of Hazzard*. James Best [1] jouait le rôle du shérif Roscoe Tanner.

Cette publicité intéressait Quentin car elle annonçait trois cours par semaine, à raison de soixante-quinze dollars par mois. Proposition fort raisonnable au demeurant, car Quentin gagnait soixante-dix dollars par semaine. Malheureusement, une fois réglées son inscription et ses dépenses habituelles, il ne resterait qu'à peine de quoi payer ses trajets en bus. Mais à la guerre, comme à la guerre, on verrait bien.

De plus, Quentin était persuadé qu'il ne lui restait plus beaucoup à apprendre à l'Atelier Théâtral

1. C'est aussi un acteur correspondant aux normes des héros de Samuel Fuller, autre admiration de Tarantino, qui le fit tourner à deux reprises, dans *Verboten* (Ordres secrets aux espions nazis) et dans *Shock Corridor* où il est remarquable en « fou » qui se prend pour un général sudiste, aux côtés d'autres acteurs fulleriens comme Gene Evans et Chuck Robertson.

de Torrance, qu'il devait franchir le pas entre comédien amateur et comédien professionnel, entre deux mondes pratiquant la même langue et la même culture mais ne les vivant pas avec la même urgente intensité.

Ce besoin d'être un comédien, c'est-à-dire de se trouver soi-même tout en étant un autre, il va désormais le partager avec les autres stagiaires et professeurs qui, comme James Best, ont fait leurs preuves aussi bien sur les plateaux de cinéma qu'à la télévision.

Cette passion, il la partage avec un autre apprenti comédien, Rich Turner, qui pense que Quentin est comme lui âgé d'une vingtaine d'années. A croire qu'il s'amuse aussi à s'interpréter lui-même, en modifiant son allure physique et sa personalité, selon les circonstances.

Souvent, Rich dépose Quentin en voiture à proximité de chez lui. Les deux garçons s'aperçoivent rapidement qu'ils ont des goûts musicaux communs : le rockabilly, Elvis le King, même si Rich veut le persuader de la supériorité d'Eddie Cochran.

C'est encore Rich qui l'initie à la surf music, dont les maîtres incontestés sont Dick Dale et Robert Gordon.

Par contre, Quentin fait découvrir à son nouvel ami les deux admirables westerns que sont *The Searchers* [1] (*La Prisonnière du désert*) de John Ford et *Red River* [2] (*La Rivière rouge*) d'Howard

1. D'après un roman d'Alan LeMay, récemment et magistralement traduit par Eric Leguèbe, aux Editions du Rocher.

2. D'après le récit de Borden Chase.

Hawks, deux chefs-d'œuvre absolus, le premier parce qu'il se hisse à la hauteur d'une tragédie métaphysique à partir d'une anecdote, le second parce qu'il force le respect des conventions en les dynamitant, pour tendre à la dramaturgie classique ; tout en étant l'un et l'autre des variations sur la figure paternelle dominante, prodigieusement incarnée dans l'un et l'autre film par John Wayne, magistral interprète.

A seize ans, Quentin fait preuve d'un flair inouï, d'un sens du cinéma que la critique américaine a mis des décennies à acquérir en marchant sur les brisées des critiques français. Lui, il ne s'autorise que de lui-même, et n'a pas besoin de la caution d'exégètes ou d'historiens pour savoir ce qui relève du Cinéma véritable, et ce qui n'en est qu'accessoire.

*Blow out* confirme l'estime en laquelle Quentin tient son réalisateur Briam De Palma, à une époque où seuls quelques initiés, et certains producteurs inspirés, appréciaient le futur réalisateur des *Incorruptibles*. A noter que John Travolta en est l'interprète principal.

Quentin et Rich aimaient discuter cinéma devant une bière au *River Bottom Inn*, un bar proche du local où ils prenaient leurs cours de comédie. Souvent, des figurants et des cascadeurs venus en voisin des studios Warner se mêlaient à leur conversation.

Une petite porte donnant sur le monde du cinéma s'entrebâillait alors pour Quentin. Il lui tardait de plus en plus d'en franchir, enfin, le seuil, de se retrouver à la place qui l'attendait de toute éternité.

Pour ce faire, il lui fallait encore traverser comme dans les contes ou les récits de chevalerie, de nombreuses épreuves. Différentes rencontres allaient être déterminantes dans cette quête ; la moindre ne fut pas celle qui lui fit connaître un petit homme brun et timide, Craig Hamman, employé de la succursale de Toluca Lake de la Bank of America.

Vivre en Californie peut rapporter beaucoup, mais cela coûte également très cher. C'est ce que pensait Craig Hamman le jour où il se décida à chercher un emploi *normal* pouvant assurer le matériel. Enfin, le minimum vital pour un homme, son gîte et son couvert. Ce qui explique pourquoi ce garçon de vingt-cinq ans se retrouva, au bon moment, sur la trajectoire de Quentin : lui aussi, derrière son guichet, rêvait de cinéma...

Un rêve qui allait connaître un début de réalisation quand Jean Lucarelli, épouse de Jack, un comédien chargé du répertoire classique à l'Ecole James Best, lui proposa de s'inscrire aux cours d'art dramatique. Hamman ne put résister à l'appel de la sirène.

Trois jours plus tard, Craig Hamman faisait son entrée dans l'école et dans la saga Tarantino. Une entrée fracassante que l'on n'attendait pas de la part de ce grand timide qui, une fois sur les planches, se métamorphosa en un personnage d'une extrême nervosité, perdant constamment son sang-froid, argumentant à tout propos, sans pour autant avoir systématiquement tort.

« C'était un véritable sauvage sur scène, se rappelle l'auteur de *Reservoir Dogs*, une authentique nature à l'état brut. Il me fut immédiatement sympathique, et, avec Rick Suery, une autre forte tête, nous formâmes presque aussitôt un petit groupe de contestataires semant la zizanie histoire de réveiller les autres étudiants de leur torpeur. »

Tous trois décidèrent d'innover en rejouant à leur façon certaines séquences de films très controversées. Chaque cours était prétexte à nouvelles inventions et innovations. Les trois compères n'avaient peur de rien, pas même de cascades improvisées et fort risquées.

Faisant bande à part, comme à son habitude, Quentin et ses disciples étudiaient les classiques du film noir et rejouaient des scènes anthologiques de films commerciaux tels que *White Heat* [1] de Raoul Walsh, sauvagement interprété par un James Cagney halluciné et hallucinant ou *Asphalt Jungle* [2] (*Quand la ville dort*) de John Huston avec Sterling Hayden, à la maladroite démarche de marin en exil sur la terre ferme. Pendant ce temps-là, le reste de la classe réécrivait en les massacrant certaines scènes de *La Chatte sur un toit brûlant* de Tennessee Williams. S'il y avait comme un hiatus entre les deux clans, il n'y eut pas de rupture, car leurs textes étaient d'une incomparable supériorité par rapport à ceux de leurs petits camarades, même si leurs sources d'inspiration pouvaient être considérées comme tendancieuses voire peu académiques, sinon radicalement incorrectes !

1. *L'Enfer est à lui.*
2. Cette pièce de théâtre fut portée à l'écran par Richard Brooks avec Paul Newman, Elisabeth Taylor et Burl Ives qui met les deux premiers rôles dans sa poche...

Leur goût pour le sanglant, le morbide, la violence et le glauque choquait réellement les autres élèves. En avance sur son époque, Quentin défendait aussi ce qui à l'époque était considéré comme indéfendable. Ainsi les films réalisés par Clint Eastwood, jugé alors sommairement tant par la critique américaine que française [1] comme un acteur de second plan, un réalisateur de spaghetti-westerns et, étiquette définitive, un fasciste !

Ou, encore, il était parmi les très rares à considérer *La Taverne de l'enfer* et *Rocky II* de Sylvester Stallone comme d'excellents films.

Quentin était donc regardé comme un provocateur ou un excentrique ; ce n'était nullement le cas. Il reconnaissait simplement les authentiques cinéastes spécialement par leur originalité et leur intérêt. Excellent critique, il faisait simplement preuve de recul par rapport aux films jugés, tout en étant un peu, ce qui était largement suffisant, en avance sur son temps.

Cette maturité critique, par ailleurs possédée par bien des cinéphiles, n'est pas pour peu dans la formation du futur réalisateur de *Pulp Fiction*, film que l'on peut aussi *lire* comme une approche de la modernité cinématographique contemporaine. Mais l'œil du cinéaste n'est pas forcément celui du critique, maints exemples de bons cri-

1. Il fallut attendre l'ouvrage fondamental et déterminant de François Guérif *Clint Eastwood*, publié en 1985 par cet artefact d'éditeur qu'est Henri Veyrier, et réédité, dans une édition remise à jour, par Ramsay, en 1994.

Aujourd'hui, Clint Eastwood est tout aussi inconsidérément considéré comme un libéral. Comme quoi, il est difficile de se passer d'étiquette.

tiques devenus médiocres ou moyens réalisateurs sont là pour nous le rappeler : Peter Bogdanovich, dont on peut cependant sauver trois films [1], aux États-Unis. Pascal Bonnitzer, Jean-Louis Commolli, Henri Chapier, Robert Benayoun, Bertrand Tavernier, Philippe Labro, Yves Boisset ou Luc Moullet, etc., démontrent, une fois de plus, en France, que l'exception, non seulement est de règle, mais encore la confirme. Ainsi en va-t-il du célèbre trio critique des *Cahiers du Cinéma*, qui, comme les Mousquetaires, sont quatre à l'arrivée : Rohmer, Godard, Truffaut et Chabrol (pour ses films impairs...).

A sa manière, Tarantino est un *voyant*, au sens où des esprits aussi résolument modernes et intemporels que Baudelaire ou Rimbaud l'entendaient, Tarantino possède la faculté d'anticiper sur le devenir des choses. Ainsi révolutionne-t-il dans *Pulp Fiction* la direction et le jeu d'acteurs en faisant la part du tempérament de chacun et l'apport de toutes les écoles et méthodes, ce qui donne à l'écran l'apparence d'une fabuleuse liberté, voire d'une totale improvisation, alors que chaque mouvement, chaque parole, jusqu'au plus infime battement de cils et jusqu'au moindre balbutiement, sont totalement préparés, prémédités avant que d'être vécus pour la caméra, et l'éternité.

A cette même époque, Quentin découvrit *Breathless* de Jim McBride, version américaine de l'un des films emblématiques de la Nouvelle Vague française, le célèbre *A bout de souffle* réalisé

1. A savoir : *Targets* (*La Cible*), *The Last Picture Show* (*La Dernière séance*) et *Nickel Odeon*.

par Jean-Luc Godard, en 1959. Cette adaptation confirma le talent de Richard Gere qui reprenait le rôle de Jean-Paul Belmondo. Ce fut une véritable révélation pour Quentin. Enfin un film relax et cool où déambulation et divagation l'emportaient sur l'histoire. En plus, il intégrait parfaitement, selon lui, différents éléments de la culture populaire basique américaine qui ne pouvaient que le séduire comme les *comics books*, les *pulps* et la musique rockabilly. Quentin adorait ce film au point d'en connaître pratiquement par cœur tous les dialogues. Et il n'eut de cesse que ses amis les plus chers, Craig et Rich, voient le film, et l'adorent à leur tour. Ce qui ne manqua pas d'être le cas : il est presque impossible de dire non à Quentin, tous deux qui l'ont approché peuvent en témoigner.

Cet aspect charismatique de son caractère n'est pas pour peu dans les extraordinaires résultats qu'il obtient de ses acteurs. Acteur confirmé, il possède dès l'enfance un talent inné d'imitation et d'interprétation dû à son sens de l'observation : il voit immédiatement le petit rien qui caractérise et révèle un individu. Après, il lâche tout simplement la bride au caméléon qu'il porte en lui, et le voilà un autre. De plus, cet art de la transformation et de la transmutation, il est capable de le communiquer à ses comédiens.

Tel était déjà le cas lors des tournages en vidéo effectués par les étudiants auxquels il transmettait sa passion de jouer et d'être un autre. Parfois, les scènes imaginées ou reconstituées débordaient et se continuaient dans la réalité pour sa plus grande joie. Les cours l'avaient ouvert aux autres en le libérant de certaines barrières qu'il s'était créées pour se protéger ; il s'était fait de véritables amis avec Craig et Rich et de nombreux camarades auxquels le liait une passion partagée et vécue pleinement. D'une certaine manière, Quentin s'était trouvé une nouvelle famille.

Par contre, son travail au *Pussycat Theatre* commençait à lui peser. Il ne se passait pas de jour sans qu'il ne vire un ou plusieurs pervers de la salle, généralement encore tout débraguetté.

Ce n'était pas facile pour Quentin de concilier cette double vie d'ouvreur-videur le jour, et d'acteur professionnel le soir. Parfois, il se demandait s'il était le Dr Jekyll ou le terrible Mr Hyde, tout en s'interrogeant sur ce qui était le plus réel pour lui : le sordide cinéma porno aux images virtuelles et aux bien réels exhibitionnistes, ou la scène de théâtre où il vivait réellement les sentiments d'un personnage virtuel ?

A défaut de trouver la réponse par lui-même, il la trouvera au cœur de l'œuvre de Vincente Minnelli quand il la découvrira un peu plus tard, les scènes se déroulant au *Jack Rabbit Slim's*, dans *Pulp Fiction*, s'en faisant l'écho d'une certaine manière.

Un soir, Quentin se retrouva, à la sortie des cours, carrément sur le pavé ; Rich n'avait pas assisté aux cours, et il n'avait pas assez d'argent pour rentrer en bus à Torrance. Jack Lucarelli, son professeur d'art dramatique, lui proposa de dormir dans les locaux de l'école sur un mauvais matelas : le lendemain, s'il le souhaitait, il pourrait même assister aux cours où il n'était pas inscrit. Ce n'était pas le genre de proposition à faire à Quentin...

Il passa la semaine à dormir à la dure, assistant à tous les cours. Naturellement, quand il revint au *Pussycat Theatre*, ce fut pour s'entendre dire qu'il n'était plus qu'un videur vidé.

Ce fut une excellente nouvelle tant pour lui que pour Connie qui l'aida à payer ses cours quand il ne réussissait pas à gagner assez d'argent dans les différents petits boulots qu'il s'était trouvé, notamment comme manutentionnaire ou comme coursier. Ce qui lui permettait d'aller encore, s'il le voulait, au cinéma avant ses cours à Toluca Lake.

Deux ans avaient passé ; si Quentin avait appris beaucoup de choses, il avait maintenant le sentiment d'en savoir autant que ses professeurs. Il était temps pour lui de reprendre la route qui insensiblement le mènerait jusqu'à Hollywood.

## SÉQUENCE 6

## *Le zinzin d'Hollywood*

A dix-huit ans, Quentin estima qu'il était temps qu'il vole de ses propres ailes. Au grand désespoir de Connie, bien sûr, déjà tourmentée de laisser son vilain petit canard livré à lui-même. Pour se rassurer, elle pensa qu'il n'était pas allé très loin de Torrance. Même pas une dizaine de km...

Quentin, coupant le cordon ombilical, avait jeté son dévolu sur un studio situé dans un quartier assez difficile d'Harbor City, sinon l'un des plus durs, et de plus à proximité de l'aéroport de Los Angeles, si bien qu'un vacarme incessant régnait chez lui. Mais peu importait, il était enfin libre ! Et pas peu fier de lire et relire son nom dans l'annuaire du téléphone de la région de South Bay : *Quint Tarantino, 1138, Elderglen Lane, Harbor City*... Il avait aussi décidé, façon de mieux manifester son indépendance, d'abandonner son nom légal de Zastoupil – Curt, on se le rappelle, l'avait légalement adopté. Il avait donc repris on ne peut plus naturellement le nom de son père.

Quentin avait également rompu avec les cours de James Best et, rapidement, trouvé un emploi chez un chasseur de têtes spécialisé dans l'industrie aéronautique.

– Non, il ne peut s'agir d'un emploi sérieux pour qu'il t'ait engagé, ronchonnait Connie, lorsque son fils lui annonça la nouvelle, au téléphone. S'ils étaient sérieux, ils ne te donneraient pas mille deux cents dollars par mois pour ne rien faire, tu ne connais rien à l'aéronautique !

– Que dalle ! Mom. Mais c'est vraiment cool, et puis j'ai pensé que cela te ferait plaisir...

Tout Quentin, et de surcroît son relationnel avec sa mère, se trouve dans cette phrase où se mélangent la naïveté, la candeur, la ruse, la provocation, et une excellente connaissance de la psychologie maternelle.

La découverte de l'aéronautique ne tempéra nullement la boulimie de cinéma du jeune homme, d'autant plus qu'en cet été 1981, il put enfin s'acheter un magnétoscope... Au lieu de voir une demi-douzaine de films par semaine au cinéma local, il allait pouvoir doubler, voire éventuellement tripler sa dose. Tout cela ne lui laissait guère de temps pour courir les filles ou faire des bêtises dans la rue ; Connie pouvait donc dormir tranquille.

Assez curieusement, le public américain semblait résister aux séductions de la vidéo, il lui semblait plus naturel de continuer de voir les superproductions et les films à grand spectacle dans les vastes salles parfaitement aménagées ou, même, les drive-in. Bien sûr, quelques maniaques de la vidéo existaient, souvent spécialisés dans un genre nettement défini, le fantastique, l'épouvante ou le western. Quentin, lui, n'était pas aussi difficile, il voulait simplement *tout* voir...

Avec peut-être une préférence pour le polar de série B de 1940 à la fin des années cinquante. Ses priorités étaient de visionner un maximum de films en une semaine pour le moindre coût. Donc de trouver un magasin de location de cassettes avec un stock très important. Peu importait si les films étaient bons, mauvais ou tout simplement laids ou ratés, n'importe quel film était susceptible de lui apprendre quelque chose.

Ce parti pris objectif, assez rare chez les cinéphiles, ressemble fort à la position totalement objective du fondateur de la Cinémathèque Française, au génie désordonné, Henri Langlois, autre cinéphage.

La recherche de ce magasin de rêve, tenant de la caserne d'Ali Baba et du Temple interdit, fut une véritable enquête, qui tourna bientôt à la quête d'un impossible Graal magnétique.

Dans un premier temps, il découvrit une boutique bien approvisionnée dans la partie d'Harbor City jouxtant les docks de la zone portuaire de Los Angeles, parmi d'immenses terrains vagues et d'énormes entrepôts aux sinistres architectures. Cela suffit un temps au jeune homme qui dut reprendre sa chasse sans fin, une fois toutes les réserves épuisées.

Ayant entendu vanter les mérites d'un magasin spécialisé : *Video Archives*, situé Sepulveda Boulevard, près de l'agglomération d'Hermosa Beach, Quentin s'y précipita au volant de sa Honda, en moins de vingt-cinq minutes. Il ne fut pas déçu : *Video Archives* répondait à ses grandes espérances en lui offrant une multitude de films inconnus venant de tous les pays du monde. La boutique aux trésors de ses rêves les plus fous était devenue une réalité.

Durant les mois qui suivirent, il en devint l'un des clients les plus réguliers. Rapidement, il se lia avec les patrons et les employés, tous passionnés de cinéma et ne demandant qu'à en parler. Souvent, la visite de Quentin se prolongeait et il restait deux ou trois heures à discuter.

C'est dans les locaux de *Video Archives* qu'il rencontra un autre vrai cinglé du cinéma, Roger Avary. Ils se lièrent d'amitié même si leur approche était radicalement différente. Ils faisaient assaut de connaissances sur les films les plus méconnus ou ignorés, ils se posaient des colles ou rivalisaient en récitant les filmos complètes d'Ed Wood [1] ou de Douglas Sirk [2], revivaient certaines séquences mythiques de *The Dirty dozen* (*Les Douze salopards*) de Robert Aldrich ou de *The Tarnished Angels* (*Pylone*) de Douglas Sirk d'après Faulkner.

Les mois passèrent, fortifiant encore cette amitié

1. *Mr Série Z, le roi du nanar* auquel Tim Burton a consacré un film désormais culte. Auteur aussi d'une bonne quarantaine de récits publiés dans des pulps, entre 1966 et 1974 ; ce qui est aussi un record !

2. Né Claus Detlev Sierk (1900-1987), ce Danois signa quelques excellents films en Allemagne, *Paramatta, bagne de femmes*, ou *La Habanera*, avant de fuir le nazisme. Aux USA, il réalisa sous son nom américanisé quelques-uns des plus flamboyants mélodrames cinématographiques. L'un des meilleurs directeurs d'actrices qui fut, c'est aussi avec Jacques Tourneur (et Mizogushi) l'un des maîtres de la mise en scène pure.

de hasard. Avary connaissait bien les deux propriétaires, Lance Lawson et Dennis Humbert. Il finit par les convaincre d'engager Quentin.

Pour celui-ci, ce fut la confirmation par la Providence de sa vocation cinématographique : un signe du destin lui permettant d'acquérir, tout en étant payé, une formation de critique, de voir gratuitement et à satiété autant de films qu'il souhaitait. Que pouvait-il alors rêver de plus ?

S'inscrire dans une école de cinéma ?

Trop cher. Et, surtout, ça ne correspondait pas à sa façon de voir. Selon lui, devenir réalisateur s'apprend sur le tas, en participant à un film, ou en visionnant des films. La meilleure école, à condition de suivre simultanément des cours d'interprétation...

Afin de tester ses connaissances, tout en les mettant en pratique, les propriétaires de *Video Archives* lui confièrent l'élaboration de programmes thématiques, tels que la drogue au cinéma, auquel participa Roger Avary, futur réalisateur du très poudreux film de gangsters *Killing Zoe*, la violence et le sexe, hommage à Samuel Fuller [1], la Nouvelle Vague et, plus particulièrement au Godard d'*A Bout de souffle* (qu'il put enfin comparer à celui de McBride), du *Mépris* ou de *Pierrot le Fou* (où d'ailleurs apparaît Sam Fuller), etc.

1. Récemment disparu, en 1997, Samuel Fuller, reporter, écrivain et cinéaste, demeurera l'exemple caractéristique de réalisateur à petit budget étant un authentique auteur/créateur. Parmi ses meilleurs films : un chef-d'œuvre *Forty Guns* (*Quarante tueurs*).

C'est à l'occasion de telles programmations ou rétrospectives qu'il découvrit les films de John Woo [1], *The Killing (L'Ultime Razzia* [2]*)* de Stanley Kubrick et l'œuvre de Jean-Pierre Melville [3].

Peu à peu, les propriétaires de *Video Archives* laissèrent du champ à leurs employés, ils ne venaient pratiquement plus et désignaient parmi eux un directeur hebdomadaire responsable des ouvertures et fermetures ainsi que de la boutique. En cas de coup dur, patrons et employés faisaient confiance à Quentin qui, très tôt, avait déjà fait ses preuves en fichant à la porte à grands coups de botte des clients mal embouchés, puis, une autre fois, un coriace qui non seulement ne voulait pas payer une amende pour trois mois de retard mais, en plus, refusait de restituer la cassette. Le gars pissait le sang quand Quentin l'eut ramené à un comportement plus raisonnable.

Le magasin devint un lieu informel de rencontres entre cinéphiles et amateurs de vidéos, les compétences et connaissances cinématographiques de ses animateurs attirèrent d'autres cinglés de cinéma. Le stock de films à louer s'étant encore

1. Cinéaste de Hong-Kong, auteur d'un remake surestimé, *The Killer*, du *Samouraï* de Melville. Par contre, sa production plus modeste conciliant ultraviolence et chorégraphe déborde d'idées. Un talent à suivre...

2. D'après une histoire de Jim Thompson, la description réaliste, vue à travers trois protagonistes du hold-up d'un champ de courses. Une leçon de cinéma magistrale par un débutant.

3. Le plus grand cinéaste français de la seconde partie de ce siècle, spécialisé dans les sujets ayant pour personnages des hors-la-loi. Plusieurs chefs-d'œuvre dont *L'Armée des ombres* d'après J. Kessel, *Le Deuxième Souffle* d'après Giovanni, *Le Doulos*

aggrandi et amélioré en qualité et diversité, *Video Archives* devint une manière de mot de passe pour les amateurs. L'installation d'un distributeur de pop-corn ajouta encore à la convivialité de ce sanctuaire informel. Des professionnels du cinéma et de la vidéo ne tardèrent pas à se montrer dans cette boutique désormais branchée et devenue le dernier salon où il était de bon ton de s'afficher. Des appels parvenaient à la boutique de tous les Etats-Unis demandant des renseignements sur des films très obscurs ou tentant d'en identifier un autre à partir de détails et de vagues références. C'était la célébrité...

Pour Quentin, ce métier était aussi un excellent terrain pour observer la clientèle et ses réactions aux films proposés. Il pouvait enfin tenter de définir ce qui n'avait jamais cessé de l'intriguer : le goût du public, ce qui fait le succès commercial et populaire d'un film. Une notion qui n'a jamais cessé d'évoluer, comme les genres eux-mêmes. Qui pouvait penser que le cinéma hollywoodien qui dans les décennies 40 et 50 proposait des histoires et des scénarios très complexes (Otto Preminger [1], Joseph L. Mankiewicz [2], ou

d'après Pierre Vial-Lesou, ou *Le Cercle Rouge* d'après une histoire de J.-P. Melville.

1. De l'extrême complexité de *Laura*, conciliant l'énigme policière et l'Amour fou, au dépouillement total et à la subtilité d'*Anatomie d'un meurtre*, en passant par le lyrisme néoréaliste de *L'Homme au bras d'or*.

2. Les multiples façons de voir d'*Eve*, l'énigme de l'autre avec la sublime *Comtesse aux pieds nus*, les impitoyables affrontements verbaux du *Limier* (1972) qui sont les ultimes feux d'un Hollywood raffiné, car subissant encore l'influence européenne de ceux qui firent son âge d'or.

Hitchcock [1], etc.) deviendrait en vieillissant extrêmement simplificateur, explicatif, voire lourd, ne laissant aucun travail intellectuel à un spectateur devenu passif, et n'ayant plus de participation au film ?

Une fois de plus, la meilleure école s'avérait pour Quentin celle de la rue, du quotidien, des bars et du commerce direct avec le spectateur/acheteur. De tout ce matériau brut, le jeune homme tirait des conclusions et des théories qu'il emmagasinait avec ses prodigieuses impressions cinématographiques dans sa mémoire filmesque. Maintenant, il fallait pouvoir les appliquer et les utiliser dans la réalité. Il convenait de passer à une étape ultérieure de son apprentissage.

1. Outre les admirables suspenses que sont ses films, Hitchcock en profite pour traiter une thématique à la fois métaphysique et ontologique fort complexe, mais clairement explicitée par Jean Douchet dans son étude sur le cinéaste publiée à L'Herne, puis aux *Cahiers du Cinéma*. *Vertigo* étant le chant du cygne et des signes !

## SÉQUENCE 7

## *Days of Wine and Roses*

Tout commença par une épouvantable cuite, suivie d'une terrifiante gueule de bois. Quand le premier chapitre d'un polar commence de cette manière fort prisée dans les pulps des *Fifties*, on peut être sûr que le héros va avoir de gros problèmes identitaires, et bien du mal à faire la part de la réalité et de la fiction. Cela peut même virer au cauchemar et finir très mal sous la signature d'un Fredric Brown ou d'un William Irish.

Pas chez Tarantino. Gamin, il a toujours (pratiquement) fait ce qu'il voulait ; adolescent, il pliait devant Connie, au nom d'ouragan, mais chêne ayant appris à se métamorphoser en roseau, il ne rompait pas pour autant, et grandissait sur le terrain de son choix.

A vingt et un ans, devenu pressé, il devinait qu'il n'avait pas la vie devant lui pour faire carrière. Il lui fallait donc profiter des quelques années qu'il avait encore pour jouer son rôle de *wonder boy*, et imposer, surtout, ses authentiques qualités.

Tout commença par une après-midi sabbatique

passée avec son vieux copain Craig Hamman, accompagnés d'une bouteille de vodka *Absolut* et d'une autre de *Kahlua* [1], ce qui peut donner un mélange détonnant qualifié de léthal par les spécialistes et appelé aussi par les barmen *Black Russian*, quoique certains d'entre eux utilisent la liqueur de chocolat à la place du *Kahlua*. Affaire de goût !

Les deux amis regardaient pour la énième fois leur épisode favori de *Miami Vice*, celui où Sonny Crockett, le flic, brillamment interprété par Don Johnson, est touché et presque laissé pour mort.

Les deux copains adoraient ce genre de TV fiesta où l'on picolait tranquillement tout en bavardant ciné avec pour images de fond une vieille série ou un film connu par cœur. Cela relaxe, permet à l'esprit de vagabonder, et parfois débouche sur une idée formidable. En tout cas, cela repose et ne prend pas la tête.

Quentin appréciait énormément son travail à *Video Archives*, ce qui ne l'empêchait nullement d'être totalement frustré par rapport aux cinéastes et aux acteurs contemporains. Il savait que si on lui donnait sa chance, il pourrait faire mieux que les uns et les autres.

Craig n'allait pas fort non plus. Son mauvais caractère, en dépit de ses qualités professionnelles, l'avait fait virer des cours de l'Ecole James Best. Il allait de petit boulot en job minable, se raccrochant de temps en temps à un

---

1. Liqueur de café d'origine mexicaine titrant 26,5°.

rôle de figurant, ou même à une panouille. Totalement frustrant...

Une bonne partie de l'après-midi passa à l'évocation de leurs frustrations et au ressassement de leurs rancœurs.

La nuit tomba vite, les surprenant dans les mêmes dispositions. Il fallut bientôt faire donner les réserves, mais tout allait bien, l'intendance avait tout prévu. Après un grand silence, une bonne gorgée de *Black Russian*, Quentin se jeta, si l'on peut dire, à l'eau, et déclara solennellement :

– Craig, il faut que l'on se lance, en jouant le tout pour le tout ! Nous devons tourner notre propre film !

– Cool, vieux, cool... Brillante idée, Quint. Mais qui va payer ?

– Je trouverais bien un moyen, répondit Quentin. Il n'y a pas d'autre solution. C'est ça ou nada...

Craig le regarda en silence avant de se resservir. Malgré tout ce qu'ils avaient pu ingurgiter, il savait parfaitement que Tarantino était on ne peut plus sérieux, et qu'à jeun, il ne changerait pas d'opinion, qu'il se lancerait immédiatement dans la réalisation de cette fichue idée. Mais, après tout... Pourquoi pas ?

La soirée se poursuivit jusqu'à ce que Quentin demande à son compagnon s'il avait une idée. Timidement, Craig répondit qu'il en avait bien une, mais il ne savait pas si elle convenait. Quentin bouillait d'impatience et Craig fut bien obligé de la résumer :

– C'est l'histoire d'un gars qui loue les services d'une pute pour l'anniversaire de son pote. Mais tout va aller de travers [1]...

– Cool, vieux. Au petit poil... Tu l'écris, je le tourne ! Simple, non ?

Il n'y avait rien à répondre. C'est ainsi que naquit l'idée du premier film de Quentin Tarantino, *My Best Friend's Birthday* [2].

Cela faisait, bien sûr, des années que Quentin veut réaliser un film mais de là à demander, tout à trac, à l'un de ses copains de l'écrire, et de passer à l'acte, il y a une sacrée marge. Surtout, si on ne veut pas avoir l'air ridicule.

Différentes conversations avec des pros fréquentant *Video Archives* l'ont encore confirmé dans sa résolution. Il est donc déterminé quand il se confie à Craig Hamman. Et il va agir.

Peu de temps encore auparavant, Quentin se demandait encore s'il n'allait pas plutôt choisir de se faire un nom dans la critique cinématographique. A cette fin, il avait commencé à réunir des entretiens qu'il avait réalisés avec trente de ses cinéastes favoris, dont on retrouve les noms dans la liste de ses films préférés tenue depuis l'âge de douze ans [3].

A chacun d'entre eux, il demandait quel était le meilleur moyen de devenir réalisateur, la réponse était inévitable : c'est en forgeant qu'on devient forgeron. Faut faire un premier film à n'importe

1. C'est aussi l'argument du début de *True Romance*, dont Quentin écrivit le scénario, un peu plus tard.

2. *L'anniversaire de mon meilleur ami*. Inédit, inachevé, voir plus loin.

3. Voir en appendice.

quel prix, et après le montrer à tout le monde. Ce sera une carte de visite, un passe-partout et un sésame pour être reconnu.

Autre rencontre d'importance, celle de Cathryn James. Craig la lui présenta en 1984, le jour de son vingt et unième anniversaire au Via Texaco Mexican restaurant, situé sur Sunset Boulevard, tout un symbole !

Devant quelques *Margueritas* [1], la jeune femme déclara que le meilleur chemin à suivre pour se rendre à Hollywood consistait à réaliser soi-même un film à petit budget ou à écrire trois scénarios, donnant des exemples différents de son talent. L'oracle avait parlé ! Ajoutant encore, considérant l'attitude de Quentin, qu'il lui fallait s'y mettre immédiatement, quitte à ne terminer le film qu'après l'avoir montré à différentes personnalités du cinéma. Ce dont, par son métier, ayant un poste de direction dans une importante compagnie, elle se faisait fort. Même s'il s'avérait que le film, faute de moyens, ne pouvait être terminé.

Tout se bousculait dans la tête de Quentin. En fait, il était dévoré par l'ambition, ou, du moins, le démon de la création. Il voulait être scénariste, réalisateur et acteur.

D'autres rencontres suivirent, Cathryn et Quentin fonctionnaient sur la même longueur d'ondes. Elle accepta sans se faire prier d'être la mère professionnelle de Quentin, son agent, son imprésario, sa confidente, son conseil, bref d'incarner la Fée

1. Cocktail à base de Cointreau, jus de citron et tequila.

Cinéma qui s'était penchée sur son berceau, et dont il attendait le retour.

Cathryn ne lui prendrait pas un cent tant qu'il ne serait pas rémunéré pour ses activités cinématographiques. Elle prenait autant de risques que son protégé : elle mettait sa réputation en jeu. Sans espoir de retour, au moindre faux pas.

Elle avait l'habitude de ce genre de rôle qu'elle jouait aussi pour des acteurs, des réalisateurs ou des scénaristes confirmés. C'était la première fois que cette belle blonde, élancée et séduisante, misait tout sur un total outsider. Ou bien elle faisait sauter la banque, ou elle retournait à Ploucville dont elle était originaire et y faisait une fin avec le fils du banquier local.

Ce scénario-là, Cathryn le détestait. Le rôle n'avait pas du tout été écrit pour elle. Elle faisait confiance à son chevalier, Quentin, pour lui ramener le trophée qu'elle convoitait. Elle savait qu'il était prêt à tout ; elle aussi de son côté : tout, sauf Ploucville...

Cathryn se mit immédiatement à faire rencontrer à Quentin tous les professionnels qu'elle connaissait, et même ceux qu'elle ne connaissait pas. Nul ne trouvait étrange qu'un cinéphile fou, employé dans une boutique de location de films vidéos puisse assister à des séances de travail organisées par et pour des pontes et des exécutifs des plus grosses sociétés ou compagnies cinématographiques. Au contraire, Quentin était fort bien reçu non seulement parce qu'il accompagnait Cathryn, mais parce qu'il s'avérait de bon sens et d'excellent conseil.

Paradoxalement, il est plus facile de faire son chemin à Hollywood et d'y tenter sa chance – à condition d'avoir du talent –, que de percer à la S.F.P. ou sur l'une ou l'autre des chaînes ou des sociétés privées de production françaises.

Hollywood et New York misent toujours sur la jeunesse, qui est aussi le public, la nouveauté, qui est aussi ce que recherche le spectateur, et le talent, ce qui étonne l'amateur et le fait revenir acheter son ticket ; la règle de fer, comme le disait le producteur Alfred Zukor, est *le public a toujours raison*. Sous-entendu : parce qu'il paye !

En France, on compte toujours sur les vieilles recettes éculées (les séries cinématographiques américaines *Rambo I, II, Alien I, II, III* et autres sont censées s'améliorer car disposant de plus d'argent), la répétition qui ne dérange personne et le savoir-faire pépère de l'artisan qui respecte le style et le genre. Quant à l'argent, on fait confiance à la pub... aux subventions, etc. Et l'on s'étonne que le public français recherche toujours les films américains où il trouve de quoi l'étonner...

Quelques semaines après la dégustation des *Black Russian*, Craig Hamman remit à Quentin un premier traitement de *My Best Friend's Birthday*. Il le lut en une demi-heure, déclara que c'était excellent, qu'il souhaitait l'emporter chez lui pour ajouter quelques scènes, et diverses babioles.

Craig n'en croyait pas ses oreilles. Quentin dut lui répéter que c'était totalement cool, qu'il allait peaufiner l'ensemble et que l'on serait prêt à tourner. En 16 mm, noir et blanc. Cool...

A ce moment-là, Quentin venait de voir et de

revoir – il en était à la cinquième vision –, *Fandango*, premier film réalisé par Kevin Reynolds, produit par Spielberg, qui raconte le week-end de bringue d'un groupe d'étudiants avant leur incorporation dans l'armée et leur départ pour le Viêt-nam. Première apparition de Kevin Costner, incroyablement cool.

Selon lui, certains des dialogues se ressentent de cette vision. Mais il faut faire la part des fabuleuses facultés de Quentin pour digérer toutes les influences et vous sortir des dialogues flambant neufs, comme surgis de nulle part. Une fois achevé son travail de réécriture, Quentin, assez satisfait du résultat, décida de passer à la seconde partie du challenge : trouver de l'argent. Une question que des dizaines de millions d'Américains se posent chaque matin avec plus ou moins d'acuité.

Il résolut, histoire de se mettre en train, de commencer par sa mère ; ce qui n'était pas forcément le plus évident.

Connie, qui était dans la trentaine à ce moment-là, accepta de se fendre de plusieurs centaines de dollars. Ce qui était encourageant. Elle promit, s'il le fallait vraiment, de mettre même sa carte de crédit à disposition.

Jusque-là, à part, naturellement, Cathryn et Craig, aucun de ses amis n'était au courant de son projet. Il s'en ouvrit à Roger Avary, qui, comme lui, partageait la volonté de faire ses classes dans le monde du cinéma. Roger lui confirma que faire un film était la seule manière de pénétrer dans l'industrie cinématographique, comme par effraction ou en faisant un hold-up. Il promit immédiatement son aide et sa participation gratuite.

Aussitôt après, il recruta un jeune directeur de la photographie, Scott McGill. Celui-ci amena Rand Vossler qui se disait réalisateur / producteur. Convaincu par le bagou de Quentin, il abandonna la moitié de sa raison sociale pour se consacrer uniquement à la production et à la régie. Dave Schwartz se fit fort d'assurer le son, en empruntant un *Nagra* [1] à l'électricien voisin. Cool tout cela...

Mais on ne tourne pas un film entier avec quelques centaines de dollars, alors que n'importe quel épisode de *Miami Vice* (*Deux flics à Miami*) coûte pour le moins deux millions !

En plus, comment trouver une caméra 16 mm ? Heureusement, Craig en dénicha une vieille, cependant une Bolex, donc plus que fiable, qui appartenait à un réalisateur de films d'horreur à tout petit budget. Précisons que ce modèle devait être rechargé toutes les deux minutes et demie... Son principal inconvénient était aussi son poids et le bruit de char de son moteur. Mais à la guerre, comme à la guerre !

Le sujet est simple mais permet, outre ses retournements et méprises, de jouer à fond sur la direction d'acteurs et leur talent, tout en soignant les ambiances, les petits riens qui font la vie...

Mickey est sur le point d'avoir trente ans quand Clarence, son meilleur ami, décide de lui faire une surprise dans le bar qu'ils ont l'habitude de fréquenter. Mickey en a marre, il veut tout oublier, y

---

1. Le *Nec plus ultra* des magnétophones professionnels. Un vétéran inégalé car inégalable...

compris son âge, et rentrer chez lui se mettre au lit et sombrer dans l'oubli.

Il est fatigué, il a perdu son job, comme son pote Clarence; et, en plus sa petite amie l'a largué. Tout cela lui semble suffisant pour un seul homme, surtout le jour de son anniversaire.

Clarence, lui, ne l'entend nullement ainsi. Il a l'intention de souhaiter l'anniversaire de son meilleur ami. Après, on verra. Il décide donc de louer les services d'une prostituée. Celle-ci, arrivée au bar, lui confie que c'est la première fois qu'elle se vend. Arrive son énorme balèze de maquereau black, avec lequel Mickey ne tarde pas à se quereller, puis à se battre.

Coup de foudre de la jeune femme qui abandonne le mac, et rejoint Clarence. Elle arrive en même temps que Mickey, suivie de peu par l'ex-petite amie de celui-ci. Quiproquo : la petite amie est persuadée que Mickey l'a trompée avec la (fausse) prostituée qui n'a d'yeux que pour Clarence. A la fin, il apparaît que celui-ci a réussi grâce à ses bons sentiments à transformer en une journée infernale l'anniversaire de son meilleur copain.

Un tel argument vaut largement les scénarios des premiers films de Martin Scorsese courts ou longs métrages, tel que *Who's That Knocking at My Door ?* ou de Brian De Palma *(Greetings, The Wedding Party)*.

La distribution ne posait aucun problème. Quentin devait interpréter Clarence tandis que Graig jouerait Mickey. Le rôle de la prostituée serait confié à Crystal Shaw, ex-petite amie de Craig. Pour le reste, on ferait appel à Rich Turner et à d'autres étudiants des cours de l'Ecole James Best.

La première semaine de tournage devait avoir lieu à Torrance, dans la maison de Connie. Le premier jour fut un incroyable bazar où s'affrontèrent une distribution de comédiens inexpérimentés et des techniciens aux prises avec des difficultés de routine, comme la longueur des fils électriques et l'approvisionnement en électricité, des comédiens absents du plateau et attendant au bar le plus proche, des curieux qui voulaient savoir ce qui se passait et déambulaient dans le jardin.

Au milieu de cette tourmente, Quentin faisait preuve d'un calme imperturbable, observait, engrangeait, expérimentait ces nouveaux acquis qu'il utiliserait un jour, sous une autre forme. En attendant, il gagnait sous le feu ses premiers galons de réalisateur.

Connie, qui s'était finalement remariée, et n'habitait pas là, pour l'instant, s'efforçait de ne pas interférer dans la dernière lubie de son fils unique et favori. Elle piqua cependant une crise, un soir, comme elle passait par là, quand elle retrouva l'essentiel du mobilier de son living, en pénitence dans la cuisine. C'en était trop pour elle.

Quentin, avec le génie qui lui était propre, et un sens indéniable de la débrouille, avait mis également à contribution son beau-père, Jan, en décidant de tourner dans ses bureaux... Cela fut accepté à condition que le tournage ait lieu de très bonne heure.

Okay. Tout le monde fut sur le plateau à l'heure dite, à la seule exception des comédiens prévus pour interpréter les autres employés. Impérial, Quentin décida cependant de tourner les scènes prévues entre Clarence, lui-même, et Mickey, Craig, bien entendu également présent.

Ce jour-là, se rappelle Craig, Quentin montra vraiment ce dont il était capable, ce qu'il avait dans les tripes. Il ne se laissa pas décontenancer, et éluda les problèmes pour coller à l'essentiel : mettre en boîte ce qu'il avait prévu de faire, avec ou sans comédiens. Rien ne pouvait l'atteindre. Il est capable de s'adapter à toutes les situations et il le prouva ce fichu matin-là.

Aucun problème, l'un des acteurs du second rôle, un « trouduc machiste », selon l'expression de Craig Hamman, voulait que l'on étoffe son rôle, sinon il refuserait de l'interpréter tel qu'il était dans le scénario.

Craig essayait, pour une fois, dc calmer les esprits, mais la tension montait entre Quentin et l'acteur.

Quentin maugréait qu'il allait lui faire sa fête, une fois la prise terminée, qu'il allait vraiment lui faire une tête au carré. Il gardait cependant un calme apparent, détaché, et il ne répondait pas aux provocations, sinon en murmurant à Craig qu'il allait lui arracher les yeux, lui bouffer le nez, avant de l'ouvrir en deux.

Pour rendre la situation plus dramatique, la petite amie de l'acteur était aussi sur le plateau, ayant, elle, hérité d'un bout de rôle imposé par son compagnon.

Naturellement, tous deux n'arrêtaient pas de lancer des piques à Quentin et à Craig qui, pour une fois, se contrôlait et n'avait en tête que d'empêcher Quentin de les tuer à coups de marteau.

Ils furent chassés du plateau à la fin de la prise, le scénario modifié en conséquence, et l'on n'entendit plus parler d'eux.

Au fur et à mesure du tournage, Quentin tirait les leçons des journées précédentes. Il apprenait vraiment son métier sur le tas, et il semblait progresser tous les jours. L'équipe était désormais soudée, chacun conscient de son rôle ou de son emploi. Certes, il y avait encore des tas de problèmes à résoudre, mais Quentin veillait.

Quand, à nouveau, se fit sentir un besoin d'argent, Connie fut, comme elle l'avait promis, à l'heure au rendez-vous. Craig, lui aussi, versa sa contribution en utilisant sa carte de crédit pour la production. Il voulait vraiment terminer ce film, et il jouait le jeu en conséquence.

Quentin n'hésitait pas à improviser, et l'on retrouvera d'ailleurs pas mal de scènes de ce film dans *True Romance* [1] de Tony Scott ou *Natural Born Killers* d'Oliver Stone [2].

Comme pour se distraire, Quentin et Craig profitaient aussi du tournage qui les réunissait pour travailler à un scénario intitulé *Criminal Mind*, dont l'histoire était centrée autour d'un serial killer qui cessait de tuer. Au grand dam des flics qui ne savaient plus quoi faire pour lui mettre la main dessus.

Malheureusement, arriva le moment où le crédit fut mort, et où il n'y eut plus de cash disponible ou trouvable. Il fallut arrêter le tournage avec tous les

---

1. Film dont Quentin sera le scénariste.
2. Egalement scénariste de ce film, il exigera qu'Oliver Stone retire son nom du générique estimant que son adaptation est une honteuse trahison.

problèmes qui ne manqueraient pas d'en découler : nouvelles coiffures, problèmes de saisons et de bronzage, pertes des vêtements utilisés dans les scènes mises en boîte, modification des décors, etc.

L'aide de Rand Vossler fut particulièrement appréciable dans la mesure où il finit par tenir la caméra, tout en jouant un rôle d'assistant et de script, en plus de ceux de producteur et de régisseur qui lui avaient été normalement dévolus. Mais il ne put faire davantage de miracles...

Le tournage reprit, s'arrêta, pour reprendre et s'arrêter encore, cela à plusieurs reprises. Au bout de trois ans, le film n'était toujours pas terminé. Il avait coûté cinq mille dollars, et l'on pouvait disposer d'une continuité de soixante-cinq minutes.

Le film, hélas, ne sera jamais fini : la dernière bobine fut perdue dans un accident survenu au laboratoire de développement.

Ce qui en sortit ne correspondait pas aux attentes de Quentin, même si certaines scènes portaient indéniablement sa marque et sa patte. L'ensemble était par trop amateur pour être montré. Ce film ne pouvait aucunement lui ouvrir les portes d'Hollywood.

Il fallait bien qu'il se rende à l'évidence, il ne représentait qu'une longue étape, cruciale par ailleurs, sur la voie qui devait le mener au cinéma professionnel.

Maintenant, plus que jamais, il allait se confronter à la réalité, en tirant le meilleur de cette expérience, et en l'oubliant.

Demain serait un nouveau jour...

## SÉQUENCE 8

## *The Road to Glory*

Quentin sortit de son Honda Accord, claqua méchamment la portière, avant de balancer un coup de pied dans l'aile, côté conducteur. Cette fois, cela en était trop. Il en avait marre de son tas de ferraille qui lui jouait des tours les jours où il en avait le plus besoin. Quand il était en retard, comme aujourd'hui, et qu'il avait rendez-vous avec un important exécutif, comme aujourd'hui...

Ou, plutôt, comme d'habitude. A vingt-cinq ans, Quentin n'a pas perdu le moral, malgré un film raté et inachevé : mais à y regarder de plus près, pas si mal que cela. Certainement pas du Kubrick, brut de coffrage, mais avec quelques scènes bien venues et qui se laissaient voir. Il a donc pratiquement rendez-vous tous les jours avec des personnages importants du cinéma, producteurs, distributeurs, agents ou exécutifs. Du moment que cela ne lui coûte pas un cent et que cela peut éventuellement rapporter de l'argent, vous pouvez rencontrer qui vous voulez, avec un peu d'obstination et de patience. Une voiture est donc totalement indispensable dans ce Hollywood aux artères gigantesques où se déplacer à pied est totalement inconcevable et entraîne immédiatement la suspicion de la police, voire votre expulsion pour vagabondage.

L'état catastrophique des finances de Quentin fait qu'il ne peut changer de voiture, il est donc l'esclave de cette Honda qu'il finit par haïr mais qu'il est obligé de respecter ; la chose n'en faisant qu'à sa tête et se vexant facilement. Pour un peu, Quentin l'aurait baptisée *Christine* [1]...

La voiture en panne, le reste était pour Quentin affaire de routine, une sorte de retour à la normalité. D'abord ne pas s'énerver ; ensuite, trouver un téléphone, d'où il pourrait surveiller sa Honda et prévenir toute tentative de la police pour l'embarquer en fourrière. Enfin, joindre une âme charitable pour passer repêcher le naufragé de la route, sur l'immense Cienega Boulevard.

Trois appels, trois répondeurs : le cauchemar climatisé...

Enfin, un interlocuteur en chair et en os, Jerry Martinez, un autre cinglé de cinéma du gang *Video Archives*.

– Ma tire est nase. Faut que tu m'aides...

– No problem, Quint ! Où es-tu ?

Jerry et son frère, Chris, étaient vraiment de chics types. Le genre à faire une bonne quinzaine de kilomètres pour dépanner un copain. Voilà qui est rare, pensait Quentin en attendant ses amis.

---

1. Roman de Stephen King dont l'héroïne est une voiture criminelle, adapté à l'écran par John Carpenter.

Quarante-cinq minutes plus tard, ils arrivaient et proposaient de prendre en remorque l'épave. Quentin vida le véhicule de ce qu'il contenait : une paire de pantalons, deux chemises et un plan de Los Angeles. Puis, il sauta sur le siège arrière de la voiture de ses amis en leur disant de rouler...

Refus des deux frères qui finirent par l'obliger à les aider à garer la Honda sur un parking. Quentin finit par s'incliner.

Cette histoire de voiture n'était que la partie émergée de l'iceberg qu'étaient devenus ses chroniques problèmes d'argent. Quentin avait tous les ennuis connus de ceux qui vivent plus ou moins d'expédients, ou plutôt survivent ainsi.

Quand il avait payé le loyer de son studio, il avait des problèmes de liquidité. Une fois ceux-ci résolus, il se retrouvait confrontés à ceux posés par ses dettes ou ses crédits. Un véritable cercle vicieux dont il ne parvenait pas à sortir.

Recherchant du travail comme acteur, il s'était confectionné un C.V. sur mesure, se donnant le beau rôle dans le *Roi Lear* réalisé par Jean-Luc Godard (partant du principe que nul à Hollywood ne connaissait le réalisateur du *Mépris*, de *Bande à part* ou de *Vivre sa vie*) ainsi que dans *Dawn of the Dead* [1] de George A. Romero (il ressemble effectivement à l'un des motards !). A part la mention de son nom comme figurant dans ces deux films, dans un ouvrage du très sérieux et

1. *Le Jour des morts-vivants.*

Leonard Matlin [1], cette plaisanterie n'alla pas très loin.

Restait Cathryn Jaymes qui lui expliqua qu'il n'avait pas d'autre solution que de prouver son talent en écrivant un scénario brillant. Quentin mit donc ses ambitions de côté, et se lança à corps perdu dans l'écriture.

Il décida de s'inspirer du scénario de *My Best Friend's Birthday*, et donna à cette nouvelle mouture le titre provisoire de *The Open Road*.

Il fit de Clarence le seul personnage principal masculin, et il développa le personnage de la prostituée en une personnalité beaucoup plus forte et affirmée qu'il désigna sous le nom d'Alabama.

Des films comme *Blood simple* des frères Coen et *Badlands* de Terence Malik influencèrent aussi le scénario qu'il ne tarda pas à appeler *True Romance*. L'apport de Roger Avary ne fut pas non plus négligeable, car il avait le talent de bien camper psychologiquement les caractères des protagonistes et de donner à l'histoire un souffle romantique, malgré le fond finalement sordide de drogue et de prostitution.

C'était aussi un film hommage au *road movie*, genre typiquement américain depuis une bonne quarantaine d'années dont il faut trouver l'origine chez Jack Kerouac [2], les Beatnicks, à la fin des années 40, et, avant, durant la Dépression, chez les trimardeurs et autres cheminots qui tapaient le

---

1. C'est aussi le cas de Donald Lyons dans *Independant Visions*.
2. Notamment pour son livre le plus connu : *On The Road* (*Sur la route*).

dur aussi bien que chez Mark Twain ou, même, Fenimore Cooper.

Même s'il ne reste plus grand-chose du *road movie* dans *True Romance*, les recherches ne furent pas perdues dans la mesure où Tarantino les utilisa pour son scénario *Natural Born Killers*, dont on peut regretter le dévoiement par son réalisateur Oliver Stone.

L'aptitude à utiliser les moindres circonstances de sa vie pour les réinjecter dans ses scénarios est totalement remarquable chez lui, les événements transposés prennent une résonance totalement disproportionnée par rapport à la minceur de l'anecdote qui, sur le papier, puis, à l'écran, peut acquérir une authentique dimension tragique.

Autre influence, celle du regretté Charles Willeford [1], dont l'œuvre se déroule principalement à Miami, autre maître prosateur dont les dialogues atteignent par le biais de leur quotidienneté ou de leur apparente banalité une dimension également tragique. Ce style et cette écriture ne pouvaient que toucher Tarantino, toujours particulièrement attentif aux choses de la vie, sublimée ou non.

L'approche du réel, c'est-à-dire de ces riens qui font la vie, n'est nullement ordinaire chez Tarantino. Elle peut paraître aussi totalement sophistiquée, notamment dans *Pulp Fiction* quand Vincent Vega demande à Mia de lui faire goûter

1. Créateur du policier à la retraite Hank Mosley et de la série qui lui est consacrée, Willeford, décédé il y a peu, écrivain réaliste n'en est pas moins l'auteur d'un monde très personnel où chacun essaye de répondre à sa manière aux questions posées par l'existence. Ses livres sont édités en France aux Editions Payot-Rivages.

son milk shake à cinq dollars, disproportion prix/produit qui amuse le gamin qu'est toujours resté au fond de lui-même l'homme de main de Marsellus, et qui le fait autant sourire que l'idée de masser les pieds de sa compagne. Mais on est avant toute chose dans le naturel, dans le parler vrai même si c'est pour ne rien dire. Une conversation ressemble au bricolage par l'utilisation des pièces rapportées, du matériau que l'on a sous la main, et la façon de pallier aux pièces manquantes et aux silences en recyclant et en détournant ce qu'il peut y avoir d'objets les plus usuels et communs.

Cathryn Jaymes jugea le scénario brillant, extrêmement brillant. Le meilleur qui lui soit jamais passé entre les mains. Elle était convaincue de pouvoir le placer très rapidement. Elle avertit Quentin qu'il devait abandonner toute velléité d'en assurer lui-même la réalisation. Quentin, fatigué de tirer le diable par la queue, répondit qu'il ne voulait, pour l'instant, que de l'argent.

Mais c'est très rapidement la douche glacée : les réponses qu'elle reçoit, suite à l'envoi du scénario, dépassent l'entendement. La plupart d'entre elles reprochent au texte sa violence et sa vulgarité ; généralement, sur le ton même qu'elles déplorent. Comme en témoigne cet exemple emprunté à un producteur dont nous tairons le nom :

« Comment osez-vous m'adresser ce tas de merde. Vous devez être complètement à la masse, à côté de vos foutues pompes. Vous désirez savoir ce que j'en pense de vos foutues conneries ? Je vous les retourne, j'en ai rien à branler de votre foutu tas de merde. Allez-vous faire foutre avec... »

Le rôle d'Alabama fut proposé à la maison de production de Madonna. L'un de ses producteurs répondit que la chanteuse n'apparaîtrait jamais dans un film où il est question de drogue.

Trois ans plus tard, la chanteuse, après le succès de *Reservoir Dogs*, fut la première à vouloir à tout prix tourner avec Tarantino. Ainsi va Hollywood...

Pour Cathryn Jaymes, ce fut comme si une chape de plomb s'abattait sur ses épaules. Ce scénario pouvait ruiner sa jeune et belle carrière, lui mettre Hollywood à dos. Producteurs et distributeurs lui faisaient remarquer que le script ne pouvait qu'être l'œuvre d'un fou, d'un désaxé ou d'un psychopathe. Ils lui conseillaient aussi de cesser de s'en occuper, de rompre toute relation avec ce malade, ce pervers.

Mais la jeune femme tenait bon, malgré les nombreuses soirées passées, seule, en larmes, à se morfondre, tout en se demandant si tout cela n'était pas un mauvais rêve et si elle n'était pas folle à lier pour s'être associée avec un maniaque ?

Ne sachant plus où elle en était, elle décida d'avoir l'opinion de Stanley Margolis, un producteur à succès devenu aussi l'homme d'affaires et le conseil de nombre de stars.

Il raconte aujourd'hui qu'il ne fut pas impressionné par quoi que ce soit quand il commenca sa lecture. Il manqua même s'endormir à la quatrième page. Il sourcilla vaguement à la conversation de Drexl (Gary Oldman) et des truands blacks portant sur le cunnilingus, haussa les épaules et continua pour se retrouver totalement accro, vissé au texte à la page six. Rien, à ses dires, n'aurait pu l'empêcher de continuer de lire *True Romance*, jusqu'à la fin [1].

Il en sortit moitié jubilant, moitié effaré, persuadé qu'il en serait de même pour le public. Cathryn, elle, fut rassurée. Elle n'était pas folle, elle avait toujours le nez creux, et Quentin n'était pas plus dérangé que n'importe quel habitant d'Hollywood.

Margolis la conforta encore davantage quand il lui annonça qu'il allait rapidement lui proposer un marché.

Le meilleur moyen de monter l'affaire consistait à rassembler six cent mille dollars sous la forme d'une association limitée. Lui se réservait un pourcentage. Quentin et Avary le rencontrèrent à ses bureaux de Wilshire Boulevard. Ni l'un ni l'autre ne recevraient un sou pour le moment ; Avary serait considéré comme producteur, pour l'instant. Etant entendu que tout reposait sur l'argent à venir.

Quentin montra à Margolis les deux tiers de *My Best Friend's Birthday*. Celui-ci ne fut nullement

---

1. Le lecteur curieux pourra se reporter utilement au scénario de *True Romance* publié en 10/18, avec celui de *Reservoir Dogs*, sous le n° 2697. La même collection propose également *Pulp Fiction* n° 2642, *Four Rooms* (film inédit dont l'un des épisodes est de Tarantino, mais disponible à la location en K7) n° 2698, *Une Nuit en enfer* (scénario de Tarantino) n° 2800 et *Jackie Brown* n° 2854.

impressionné, au contraire. A la fin de la projection, il conseilla à Tarantino de ne jamais recommencer. Celui-ci comprit le message au point qu'il ne reconnut l'existence de ce film que bien après la sortie de *Reservoir Dogs*...

Quentin savait *aussi* écouter, quand il le fallait.

Margolis entreprit, comme l'avait fait Cathryn, d'envoyer le scénario à ses contacts des différents studios. Ce fut aussi moche et démoralisant que la première fois ! Personne ne l'apprécia, bien au contraire.

Le scénario fut également envoyé en lecture chez Miramax, société qui allait, plus tard, distribuer *Reservoir Dogs*, puis produire *Pulp Fiction*. Le service concerné renvoya le scénario avec la lettre l'accompagnant au dos de laquelle était écrit en grosses lettres : « *UGH! Personnages à vomir!* »

L'accueil ne fut pas meilleur de la part de Republic Pictures. Son patron, Bud Grosgroff, répondit par la lettre suivante :

*Stan,*
*Tout cela est naturellement affaire d'opinions.*
*Personne ne peut prétendre que tes raisons sont meilleures que les miennes.*
*Les miennes vont être très dures... Et encore, dites avec ménagement. Ce scénario est dépourvu de toute qualité positive.*
*Je me pose toujours les questions suivantes :*
*1) Qui donc irait voir cela ?*
*2) Pourquoi ?*

> *3) Pouvons-nous trouver un réalisateur et des comédiens garantissant notre investissement ?*
>
> *Ce scénario déroge à ces trois principes de base.*
>
> *En plus, qui se soucie de tels personnages ? De leur histoire ?*
>
> *On se fiche totalement de ces deux merdeux, si besoin est de les qualifier...*

A son tour, Margolis en prenait plein la gueule. Jamais, il n'avait été traité de cette manière. A croire que ce scénario rendait fou ses lecteurs, qu'il agissait comme une muleta...

Après un an d'efforts, il s'arrachait les cheveux de rage impuissante. Il appela Quentin qui était retourné vivre chez sa mère. Ayant appris par le jeune homme que celui-ci ne pouvait se déplacer, il décida d'effectuer lui-même le trajet.

Quand Margolis arriva, Quentin n'était pas encore levé. Le producteur manqua repartir à Hollywood puis décida d'attendre, tout en bavardant avec Connie. Trente minute plus tard, Quentin, douché, rasé de frais, recevait Margolis dans sa chambre. Il lui renouvela une option gratuite pour une année et insista pour que Margolis regarde sur l'écran géant de leur télé un film d'art et d'essai chinois portant sur les arts martiaux. Le producteur fut tellement interloqué qu'il se retrouva assis, dans le salon, devant un film en version originale, non doublé. Peu importait, le rassura Quentin, souriant aux anges et ravi de partager sa dernière découverte avec une figure légendaire d'Hollywood.

La visite de Margolis avait sorti Quentin de sa torpeur. Il ne pouvait attendre indéfiniment un miracle sur le sable chaud de Manhattan Beach ou en bavardant bien au frais avec les employés et les clients de *Video Archives*. Il fallait qu'il se bouge, qu'il se rende sur le champ de bataille, démarche à son tour des gens, se fasse des relations.

Il devait donc aller vivre à Hollywood, se trouver un travail dans le cinéma pour débuter... Après, on verrait pour trouver mieux...

Il loua un studio dans le centre sinistre d'Hollywood et décida de jouer les Chandler en écrivant sur les bas-fonds de Los Angeles. Il n'est pas donné à tout le monde d'être Raymond Chandler [1] ou de jouer les James Ellroy [2]. Les recherches de Tarantino allaient lui faire connaître le genre de réalité qu'il est préférable d'éviter, même si l'on se croit écrivain...

---

1. Père spirituel du célèbre privé Philip Marlowe, et auteur du roman *Le Grand Sommeil* (Série Noire, Gallimard).

2. Le maître du roman noir américain contemporain, auteur du *Dahlia noir*, du *Grand nulle part*, de *L. A. Confidential* (Éditions Rivages).

## SÉQUENCE 9

## *The Animal Factory*

– Vide tes poches, tout de suite, gueula la voix derrière lui.

Quentin entreprit de vider ses poches sur la table. Il sortit son portefeuille de sa veste, ses clés, sa monnaie. Puis il fouilla son pantalon. Encore ensommeillé, il crut qu'il allait se réveiller dans son lit, chez lui. L'odeur prenante de désinfectant lui indiqua qu'il n'y était pas. Il devait rêver qu'il tournait un film.

Un très mauvais film où il jouait le rôle d'un type qui se fait tirer de son lit par les flics à six heures du matin parce qu'il n'a pas payé ses contraventions. Au total sept mille dollars, plus les amendes. Un cauchemar ! Il regarda autour de lui. Un cauchemar trop réel : il était bel et bien en taule.

Au début, il avait pris l'affaire avec philosophie. Cool, très cool.

Bien trop cool ! Il avait pensé qu'on l'embarquerait au commissariat de son quartier, qu'il serait interrogé et officiellement inculpé, puis relâché jusqu'au jugement. Il aurait le temps de voir venir. Il n'y avait pas de quoi faire un souk pour quelques contredanses et tickets de parking impayés et traficotés. Il s'était trompé sur toute la ligne. Il avait tout faux, Quentin.

La bagnole poulaga blanche et noire l'avait directement amené à la plus célèbre prison de la ville, celle du Comté de Los Angeles. Celle où O.J. Simpson [1] venait d'être incarcéré, celle qui avait accueilli Charles Manson [2] et sa bande d'allumés. Celle dont on ne s'évade pas. La forteresse de béton et de fer où se retrouvent les gangsters, les assassins, les obsédés, les violeurs, les sadiques, les dégénérés, les bourreaux d'enfant, les drogués, les bons à rien, etc. Tous ceux dont la Californie du Sud n'a que faire, et dont la place est en enfer. A ce titre, cette prison est une authentique sous-division de l'enfer. En plus, il s'y commettait bien un meurtre par mois. Et Quentin se retrouvait au milieu de ce zoo humain, tout cela à cause d'une saloperie de voiture.

– Déshabillez-vous, maintenant, grogna la voix qui le sortit de ses pensées. Il s'exécuta, en pensant qu'il allait faire un voyage dans les profondeurs inconnues de la société.

Quentin eut droit au grand jeu, à la fouille au corps, au relevé d'empreintes, au défilé entre les cellules, dans le hall, où les nouveaux venus sont jaugés par les anciens dans un concert de cris, d'hurlements ou de sifflements. La viande fraîche est toujours prisée dans cette prison.

---

1. Joueur de football américain. Inculpé du meurtre de sa femme puis acquitté.

2. Chef de la secte luciférienne qui assassina, entre autres, Sharon Tate, épouse du cinéaste Roman Polanski, à Hollywood.

Une porte s'ouvrit, et Quentin bascula dans un autre monde, parmi vingt-cinq détenus. En majorité des Hispaniques, quelques métis, cinq ou six Blacks et deux ou trois Blancs, paraissant livides. La première chose que sentit Quentin fut un indescriptible relent de merde, de pisse et de sueur. Il eut un haut-le-cœur mais parvint à se contenir. Ayant lu *No beast so fierce* d'Ed Bunker [1], il savait que les premières minutes étaient décisives pour le nouveau. Il devait se faire respecter mais ne pas en faire trop. Un nouveau, c'est comme un morceau de viande fraîche pour un pitbull, surtout s'il est blanc, jeune et plutôt beau gosse. Tarantino savait qu'il devait, comme on dit à l'extérieur, faire sérieusement gaffe à ses miches. Une faiblesse, et il se retrouvait giton d'une bande de mecs à la redresse.

Aussi, dans son coin, il mâchait son chewing-gum, les yeux baissés, comme ailleurs ; en réalité, il était bien présent, sur ses gardes, surveillant du coin de l'œil ses frères de misère. Il avait bien lu Bunker, il savait qu'il devait passer pour invisible et respecter certaines règles. Sinon, il se retrouverait dans la peau d'un esclave sexuel de quelque monstre affamé. Il se couvrit la tête de sa couverture et résolut de fuir dans le sommeil. Mais il savait qu'il allait passer une mauvaise nuit, car elle

---

1. Très grand écrivain de polars durs se déroulant sur le terrain ou en prison, comme ce foudroyant *Aucune bête aussi féroce* qui raconte en partie son expérience de taulard. Cet ex-casseur de banques admiré par Tarantino apparaît, hélas, brièvement dans *Reservoir Dogs*, dans le rôle de Mr Blue. Le livre est publié par les éditions Rivages.

allait servir de test pour le juger. Il sentit qu'on retirait sa couverture, se réveilla totalement pour apercevoir un type en train de la plier, un peu plus loin. Il se leva brutalement et se précipita sur le voleur, un Latino de sa taille auquel il devait bien rendre quelques kilos.

Pratiquement nez à nez avec lui, il hurla de lui rendre la couverture qui était pliée, à terre puis réitéra son ordre :

– Tu vas me donner cette couverture, fils de pute !

– Nique ta mère...

– Ne m'oblige pas à me répéter, fils de chienne. Je veux ma couverture où je t'explose la tête.

Dans un coin de la cellule, trois grands Blacks, membres du gang des Crisps, regardaient l'affrontement avec un intérêt amusé. C'était le genre de spectacle qu'ils appréciaient : Gringo contre Latino, bien mieux que la télé...

C'était aussi le type de situation impossible avec ni vainqueur ni vaincu que l'on retrouvera dans les films de Tarantino. Et, pourtant, il en fallait un. Le bon ordre des choses exigeait que ce soit le nouvel arrivant.

Quentin était terrifié mais il se contrôlait. Ses cours de comédiens avaient enfin trouvé leur justification. Reculer devant son adversaire lui ferait perdre la face, il passerait pour une lavette. Un minet tout juste bon à tailler des pipes à l'œil ou pour deux cigarettes, un giton tout juste bon à ramasser le savon dans les douches et à satisfaire sans capote le Big Boss de l'un ou l'autre clan.

Il fixait toujours son adversaire, ce qui ne

l'empêcha pas de croiser le regard souriant de l'un des Crips qui lui fit un clin d'œil. C'est alors qu'un énorme Latino se leva et vint se planter près de son copain. Les trois Crips les rejoignirent en une gracieuse enjambée. L'un d'eux articula lentement :

– Bon, on a assez rigolé les gars. Maintenant, on se la joue dodo les petits : tu rends la couverture à notre pote, et bonne nuit la compagnie.

– Pourquoi ? De quoi tu te mêles ?

– C'est nos oignons, mec. Et, lui, il a tout notre respect !

Respect mutuel que l'on retrouve dans les films de Tarantino fasciné depuis toujours par la culture black : aussi bien physiquement que mentalement, sans oublier la musique et, surtout, la blaxploitation, la déferlante de polars à destination du public noir des *Seventies*, comme Shaft, caractérisés par leur violence.

Un grand silence s'ensuivit. Le premier Latino ramassa la couverture et la tendit sans dire un mot à Quentin.

Les huit jours suivants se passèrent sans aucun incident. Quentin étant comme ailleurs, occupé à penser à un nouveau script, et observant tout pour s'en resservir plus tard.

Ce fut, bien sûr, un soulagement pour lui de sortir de prison. Il ne regrettait pas cette expérience qui lui avait appris bien des choses utiles, dont certaines se retrouveraient dans ses films ou ses écrits. De plus, à vingt-six ans, il faut rompre avec une adolescence qui, désormais, peut se prolonger, du fait des études ou du chômage, jusqu'à la trentaine. La prison matérialisa cette rupture, tout comme elle coupa définitivement le cordon ombilical qui pouvait encore le rattacher à Connie. De plus, enfin, elle eut valeur de rite initiatique le faisant passer des réalités virtuelles de son enfance et de sa culture, essentiellement imagée, au réalisme aussi tangible que brutal d'une prison aussi dure que celle du Comté de Los Angeles. Quentin devenait enfin adulte.

Ce n'est pas un hasard si, peu après sa sortie de prison, il tomba amoureux de Grace Lovelace, une séduisante enseignante de l'Université de Californie, qui lui dit tout de go qu'elle n'était pas du tout impressionnée par Hollywood, et que le cinéma devrait passer après leurs relations. Cela avait le mérite de la franchise. Quentin n'en continuait pas moins de voir des films à son rythme, et travaillait au scénario de *Natural Born Killers.*

De plus, il suivait intensivement des cours de comédiens avec Allen Carfield ce qui lui permettait de décrocher quelques figurations et rôles mineurs dans des séries télévisées. Notamment, dans un show télévisé, le rôle d'Elvis à ses débuts, quand il était encore vraiment lui, nature, à l'état brut, un félin. Connie retira une grande fierté de la prestation de son fils. Mais ce n'est pas une brève, même talentueuse apparition à la télévision qui permet de payer le loyer.

Heureusement, il fit la connaissance de Bob Kurzman, un spécialiste des effets spéciaux, qui avait écrit une adaptation de la très singulière histoire de deux braqueurs de banques qui s'enfuient au Mexique et finissent dans un bar à serveuses aux seins nus, tenu par des vampires ! ! !

Un vrai délire. Kurzman engagea Quentin pour travailler au scénario de *From Dusk till Dawn* que tournera, en 1995, Robert Rodriguez, auteur déjà de deux polars ultraviolents, *El Mariachi* et *Desperado*, et qui portera en France le titre d'*Une Nuit en enfer*.

Tout cela pour mille cinq cents dollars. Pas de quoi pavoiser mais bon pour le moral et des finances ne dépassant guère le zéro. De plus, il avait terminé *Naturel Born Killers* que la très diligente Cathryn faisait vainement lire à différentes huiles des studios, tout en faisant attention de ne pas le proposer à ceux qui avaient reçu *True Romance* pour lequel de son côté, Stanley Margolis cherchaient toujours des financiers.

Quentin, une fois ces travaux achevés, se sentit vidé. Une manière de baby blues s'empara de lui, il avait accouché de trois scénarios, en peu de temps, et attendait avec impatience qu'au moins un d'entre eux soit tourné ou en production.

Il songea sérieusement à abandonner le cinéma pour devenir romancier. C'est à ce moment-là, en 1990, qu'il fit la connaissance de deux très jeunes producteurs qui avaient monté un film au budget incroyablement bas, *Several Dragons*, dont on ne trouve guère de trace. Quoi qu'il en soit, les deux associés, Don Murphy et Jane Hamsher, qui fut éditrice du magazine de punk-rock *Damage*, n'en avaient pas moins un bureau à la M.G.M. Ils s'étaient rencontrés à *Video Archives* et avaient sympathisé en parlant cinéma. Quentin s'était mis en tête de diriger, pour un très modeste budget, *Natural Born Killers*. Il pensait alors que *True*

*Romance* ne se ferait jamais. Il misait donc tout sur ce dernier script qu'il proposa à Murphy de lire. Il accepta, rangea le script et l'oublia jusqu'au jour, des mois plus tard, où Jane entendit Quentin en parler. Elle interrogea Don qui lui répondit qu'une copie devait traîner dans un tiroir de son bureau. Enfin, ces grands professionnels daignèrent le lire, tirèrent la langue, soupirèrent et laissèrent tomber leur oracle :

– Nous produirons ce truc, c'est le meilleur scénario que nous ayons jamais lu.

On peut se demander s'ils avaient beaucoup lu quand on se rapporte à leurs différentes déclarations : c'est un scénario inclassable, quelque chose entre Heidi [1] et Lawrence d'Arabie [2]...

Plus raisonnablement, ils ajoutent qu'il s'agit du *Bonnie and Clyde* des années 90 ; ce qui aurait pu être vrai, si Oliver Stone ne s'était pas mêlé de cette affaire pour en tirer une immondice et un film abject.

Murphy fit également mention de ses « financiers ». Rendez-vous fut pris pour Quentin avec deux d'entre eux des *Messieurs Muscle*, rois de la musculature et de la gonflette qui tenait une salle

1. Prototype du film pour enfant, signé du maître du cinéma d'aventures, le très grand et méconnu Allan Dwan, en 1937, avec Shirley Temple dans le rôle de la petite orpheline montagnarde.

2. Film à grand spectacle magistral de David Lean racontant les aventures pendant la Première Guerre mondiale du colonel Lawrence, auteur des *Sept Piliers de la sagesse*. Avec un sublime Peter O'Toole, un étonnant Omar Sharif, qui reçurent chacun un Oscar justifié. Tous les autres comédiens sont par ailleurs à la hauteur. Il faut encore saluer la musique de Maurice Jarre (qui reçut aussi un Oscar, tout comme le directeur de la photo Frederick A. Young, le scénariste Robert Bolt, et le réalisateur).

de bodybuilding à Torrance. Non loin d'où avait vécu Quentin.

Les deux associés étaient d'accord pour produire le film à une seule condition : y apparaître. Soupir de Quentin qui connaît ses classiques, il imagine immédiatement les deux armoires à glace en train d'interpréter Mickey et Mallory, l'un en folle, et l'autre en travesti...

Heureusement, on le rassure : pas de pet mon gars ; juste un petit, petit rôle, pour avoir nos cartes syndicales !

De retour chez lui, il leur confectionne une scène aux petits oignons et pas mal de piments. Dans leur fuite éperdue, Mickey et Mallory rencontrent deux adeptes du bodybuilding qu'ils flinguent aux jambes. En dépit de leurs horribles blessures, ils déclarent à la télévision qu'ils n'ont rien contre les deux tueurs en série.

Les semaines passèrent, il apparut rapidement que les deux messieurs muscle étaient des bidons, qu'ils en avaient encore moins à la banque que dans le cigare. Tout dans la musculature...

Néanmoins, Quentin conserva cette scène qu'il adorait, l'on ne sait trop si Stone la filma...

De nouveau, Quentin se retrouvait sur le sable. Il téléphona à tous ceux qui figuraient dans son agenda dans l'espoir de trouver ainsi du travail. Rien à faire. En plus Roger Avary était dans le même cas. Miracle, les deux copains se retrouvent tous les deux assistants de production à vingt dollars par jour. Juste de quoi ne pas mourir de faim. Et encore...

Le lendemain, sur le tournage, ils découvrent

une baraque totalement inhabitée depuis deux mois entourée d'un parc que tous les chiens des alentours ont souillé de leurs excréments. L'ordre tombe de la part de l'un des producteurs, sec comme un coup de cravache :

– Les deux, là-bas. Oui, vous. Qui d'autres voulez-vous que ce soit ?

Au boulot, ramassez donc toutes ces putains de merdes. Que ce soit propre pour tourner dans une heure. Nickel... les gars.

Bienvenue à Hollywood, les gars !

Le studio que s'est trouvé Quentin relève du même cauchemar. Il est situé au coin de la Western Avenue et de Troisième, un quartier qualifié de difficile par les sociologues. Pour la police, c'est un quartier pourri et dangereux.

Pour s'en convaincre, en cette nuit du nouvel an, il suffit d'écouter. Dans la rue, les cinglés du coin se sont donnés rendez-vous pour fêter l'événement sous la fenêtre du studio de Quentin, et ils lâchent vers le ciel de longues rafales d'Uzi, le pistolet-mitrailleur d'origine israélienne à la mode dans les gangs de rues de Los Angeles et d'Hollywood. Une petite merveille pour la véritable guerilla urbaine qui ensanglante les deux villes, jour et nuit.

Durant les accalmies, la vie redevient paisible et normale. Quentin en profite pour faire connaissance avec Sheldon Lettice, un écrivain-réalisateur assez proche de la star blanche du karaté Jean-Claude Van Damme, dont Quentin apprécie beaucoup certains films. C'est par ce biais qu'il va rencontrer l'écrivain-réalisateur Scott Spiegel auquel on doit *Thou Shalt Not Kill* et *Intruder*, deux films particulièrement violents. Le courant passera très vite et très bien entre les deux hommes. D'autant plus que Scott venait de cosigner un scénario devant être tourné par Clint Eastwood, l'une des grandes admirations de Tarantino [1], *The Rookie* (*La Relève*).

Ils devinrent inséparables, et l'amitié de Scott commença à ouvrir de nouvelles portes à Quentin, ainsi lui fit-il goûter à sa préparation céréalière favorite *Fruit Brute*, très apprécié par Mr Orange dans *Reservoir Dogs*. Et surtout, et là Scott Spiegel allait se faire l'agent du Destin, en l'invitant en mai 1990, à la *Memorial Day Barbecue party* auquel il arriva bien sûr en retard. Cependant juste à temps pour rencontrer celui qui allait décider de sa carrière...

1. Ce sera grâce à Clint Eastwood, Président du Jury au Festival de Cannes 1994, que *Pulp Fiction* recevra la Palme d'Or.

## SÉQUENCE 10

## *The Party (ies)*

La grande *party* offerte par Scott Spiegel à ses amis pour le Mémorial Day, le 25 mai 1990 est, en effet, un jour mémorable puisqu'il va voir la rencontre, longtemps différée pour diverses raisons, du futur *wonder boy* et de celui qui va devenir son producteur attitré, Lawrence Bender. Originaire du Bronx, le jeune Lawrence grandit dans le New Jersey jusqu'au divorce de ses parents quand il a onze ans. A la fin de sa scolarité, ne sachant trop quoi faire de sa vie, il suit les traces de son grand-père et opte pour le génie civil. Mais, sitôt obtenu son diplôme à l'Université du Maine, il se désintéresse d'une carrière toute tracée d'ingénieur et regagne New York où, passionné par la danse, il s'inscrit à l'Académie Louis Falco. Hélas pour lui et tant mieux pour les cinéphiles, une série d'accidents mettra fin brutalement à ses espérances de danseur. Il se tourne alors vers l'art dramatique et, à l'instar de son futur compère, ne rechigne pas à faire office de balayeur au sein de l'école pour payer ses cours chez la prestigieuse Sandra Seacat. Il cotoie ainsi nombre d'acteurs déjà renommés comme Jessica

Lange ou Lance Henriksen mais aussi quelques débutants brillants tels Mickey Rourke. Après quelques détours par l'inévitable Actor's Studio où il donnera la réplique à Eli Wallach et un petit rôle dans *Le songe d'une nuit d'été*, auprès de Christopher Walken, il décide de tenter sa chance à Hollywood. De casting en casting, il décroche quelques panouilles dans des pilotes de feuilletons et squatte allègrement les canapés des copains. S'il se résout bientôt à constater qu'il ne deviendra pas le prochain De Niro, il ne désespère pourtant pas de jouer un jour autre chose que des silhouettes mais, dévoré par l'ambition d'être quand même *Part of the show*, il tourne ses regards vers la production. Un ami commun le présente à Scott Spiegel qui lui offre son premier job dans ce domaine sur le tournage de son film *Intruder*. Bender fait ainsi ses armes et, quelques mois après, alors qu'il tente de monter sa propre compagnie grâce à un financement suisse, voit arriver sur son bureau le script de *True Romance*. « Je l'ai lu et j'ai trouvé ça vraiment *cool* » commentera-t-il par la suite. C'est alors que Scott Spiegel lui propose de faire la connaissance de l'auteur.

Entre ces deux hommes de même âge, qui apprécient le même genre de cinéma et dont les vies présentent de nombreuses similitudes, l'entente est immédiate. Quentin traverse à ce moment-là une de ses rares périodes de déprime. Il s'était juré de devenir célèbre avant trente ans, il en a vingt-huit et n'a toujours rien fait. Ou presque. Bien sûr, il a déjà rédigé les scripts de ce qui deviendra *True Romance* et *Natural Born Killers*, mais la lenteur des producteurs, les refus, le manque d'argent, tout cela commence à lui peser. Et puis il veut réaliser, mettre en scène. Bender lui aussi commence à en avoir assez de son poste d'éternel assistant sur des tournages pas vraiment passionnants. Les jeunes fauves ont faim. Il est temps d'agir.

De rencontres en virées nocturnes, leur amitié se consolide et leur volonté de travailler ensemble sur un *vrai* projet, bien à eux, qui existera enfin, s'accroît. Un jour, Tarantino annonce : « Je vais écrire un autre script. Un truc sur des types qui cassent une bijouterie et se font descendre parce qu'ils ne savent pas qu'un flic a infiltré leur bande. Tout se passera dans un garage. Tu produiras le film. Ce sera un tout petit budget. » Sur le coup, Bender n'y croit qu'à moitié, car ils ont déjà l'un et l'autre connu pas mal de déceptions. Mais moins de quatre semaines plus tard, Quentin lui remet un carnet empli de notes griffonnées, le scénario complet de ce qui va devenir à l'écran *Reservoir dogs*. Emballé par sa lecture, Lawrence passe des heures à taper (Quentin a toujours refuser d'apprendre à se servir d'une machine), à photocopier le nouvel opus du petit génie et demande six mois d'option pour trouver un financement. Tarantino lui en donne deux : « Ça fait cinq ans que j'entends des trucs comme ça, j'attends et il ne se passe rien ! »

Pas si sûr... La chance vient de tourner. Catalaine Knell, producteur associée à Cinetel, a lu *True Romance* et employé durant quelques semaines les talents de Quentin pour remettre d'aplomb le script un peu léger de *Past Midnight*. Un soir, alors qu'elle le reconduisait chez lui (les temps douloureux mais moins difficiles pécuniairement de la Honda Civic, étaient révolus, Tarantino n'avait plus de moyen de locomotion), il l'invita à monter prendre un verre. Là, stupéfaite mais écroulée de rire, elle l'écouta faire, assis sur son mini-trampoline, au milieu d'une chambre, véritable temple dédié à la pop-culture, son exégèse personnelle, même si elle devait beaucoup à l'imagination de Roger Avary, du message homosexuel crypté contenu dans le film de Tony Scott *Top Gun*. Il devait d'ailleurs réitérer cette superbe et iconoclaste performance quatre ans plus tard dans une scène *clin d'œil* du film *Sleep with me*. Catalaine était bien placée pour apprécier l'humour de ce numéro d'acteur, elle avait travaillé avec Tony Scott. Aussi décida-t-elle de présenter les deux hommes lors de la rituelle *party* de Noël, en 1990. Quentin, même s'il les parodiait, appréciait les films de Tony Scott. Celui-ci lut et aima le script de *True Romance* que Stanley Margolis, célèbre producteur hollywoodien avait, maintenant, envers et contre tout, décidé d'acquérir pour en faire un film à petit budget que devait diriger Bill Lustig, réalisateur au début des années 80 d'un hit du film d'horreur *Maniac Cop*. Finalement, l'intérêt de Scott fit bouger les choses et Quentin toucha 40 000 dollars. Cela lui permit de se racheter une voiture et d'amener un peu d'argent au montage financier de *Reservoir dogs*. La production de *True Romance* devait, elle, connaître d'autres aléas dont nous reparlerons plus tard.

Pendant ce temps, Bender se démenait comme

un beau diable, téléphonant et photocopiant à tour de bras. Il en allait pour lui d'un double intérêt puisque à ce stade il était non seulement le producteur mais aussi le futur interprète de Nice Guy Eddie (plus tard Chris Penn) face à Tarantino-Pink (finalement Steve Buscemi).

Son enthousiasme et sa détermination payèrent et attirèrent l'attention de Monte Hellman (voir appendice 1), réalisateur et producteur dont les films, notamment les westerns (sur Tarantino et le western voir appendice 2), des *sixties* contribuèrent à lancer, entre autres et excusez du peu, Jack Nicholson. Hellman apprécia le scénario au point de vouloir le diriger lui-même. Lawrence songea avec effarement à la réaction qu'aurait Quentin, à qui ses deux *bébés* précédents, *True Romance* et *Natural Born Killers* avaient déjà échappés et parvint à convaincre Hellman : « Tu verras... Quentin est vraiment le réalisateur qu'il faut pour ça ! » Décidément, les deux gaillards étaient convaincants, un seul regard sur l'auteur gagna Monte à leur cause, Tarantino dirigerait le film, son film. Hellman se proposa même d'hypothéquer sa propriété texane pour amorcer l'affaire. Quentin eut un frisson. Margolis avait fait une chose semblable pour *True Romance* et s'était retrouvé à la rue, contraint de revendre ses droits à Samuel Hadida.

Bender continuait de chercher le nerf de la guerre. Avec plus ou moins de réussite : une compagnie de vidéos proposait 500 000 dollars. Bon. Plus de nouvelles. Bien. Parfois des gags : un investisseur canadien acceptait de mettre une somme identique sur la table à condition que sa petite amie interprète le rôle de Mr Blonde (l'auteur de ces lignes ignore quel genre de physique possédait la petite amie mais doute fort qu'elle puisse être confondue avec Michael Madsen). Les deux complices, dans un moment de découragement, considérèrent malgré tout l'idée avant de s'apercevoir à quel point c'était « à côté de la plaque ».

Hellman, figure tutélaire, prodiguait ses encouragements et son aide généreuse, mais il fallait un miracle pour que les choses se décantent et que le train-train habituel du montage financier d'un film à petit budget, écrit et réalisé par un inconnu se transforme en maelström. Heureusement, le dieu des cinéphiles et des cinéphages veillait et le miracle advint.

# SÉQUENCE 11

## *The Godfather*

« Allo, Lawrence ? C'est Harvey Keitel. Je viens de lire *Reservoir dogs* et je veux **absolument** en discuter. »

Des années, une Palme d'Or et un Oscar après, Bender ne s'en est toujours pas remis... On a beau avoir appris le self-control aux cours d'Art dramatique, un message de Keitel sur votre répondeur, ça vous coupe le souffle. « D'abord parce que Keitel, c'est un dieu. Pas seulement une star, le prototype même de l'Acteur. Ensuite, parce que avoir un type comme lui avec soi, ça veut dire que le film va se faire, vraiment ! Ça a été l'un des moments les plus excitants de ma vie ! »

Bien entendu, le terrain avait été balisé. Ne rêvons pas, un script ne tombe pas par hasard entre les mains d'Harvey Keitel. Bender, mettant à contribution ses quelques relations, avait bien mené sa barque. Il continuait à prendre des cours de théâtre avec Peter Flood, ex-mari de l'actrice et professeur Lily Parker. Il lui glissa le scénario de *Reservoir* en lui spécifiant que Tarantino et lui souhaitaient par-dessus tout obtenir l'accord de Keitel pour l'un des rôles principaux du film. Flood communiqua le script à Lily qui le donna à Harvey, son condisciple de longue date à l'Actor's Studio. Keitel fut fasciné par la manière radicalement nouvelle dont Quentin traitait des thèmes aussi éculés que la trahison, la loyauté, l'amitié ou la rédemption. De plus, il regrettait de n'avoir pas, dans sa jeunesse, réussi à structurer véritablement une petite bande, un « gang » qui mettrait sur pied et produirait les premiers films des uns des autres, indépendamment des studios. Aussi guettait-il toutes les occasions de s'investir dans de tels projets. Le duo Bender-Tarantino tombait à pic.

De son côté, Monte Hellman avait eu, lui aussi, une idée, qui devait faire recette : celle de présenter ses deux poulains à l'un de ses amis, producteur à ses heures, avec lequel il avait travaillé en 1989 sur le tournage du troisième volet d'un film d'horreur de la série *Silent Night, Deadly Night (Douce nuit, sanglante nuit)*. A présent, Gladstein était le président de LIVE Entertainment, une compagnie vidéo connue à cette époque pour l'aide qu'elle accordait à la production de films à petits budgets. Elle devait ainsi investir notamment dans *Light Sleeper* de Paul Schrader et *Bob Roberts*, le premier long métrage de l'acteur Tim Robbins. Par la suite, Gladstein deviendra l'un des vice-président de Miramax, la compagnie des frères Weinstein, compagnie qui produira *Pulp Fiction* en 1993 et en 1997, le nouvel opus tarantinesque *Jackie Brown*. Gladstein adora le script mais, sur le coup, se posa quelques questions : ce gamin sans aucune expérience de la mise en scène qui voulait diriger lui-même le film... Etait-il complètement stupide ? Non, puisqu'il venait d'écrire ce scénario génial, mais quel culot ! La page de garde du chef-d'œuvre portait en gras **Ecrit et réalisé par Quentin Tarantino**, du jamais vu pour un débutant !

Un entretien plus poussé avec le débutant en question et son assurance lui gagnait l'accord de Gladstein ! Moins de deux semaines plus tard, lors d'une première réunion de travail avec Bender, il annonça qu'il était prêt à investir 1,5 million de dollars dans le film. En fin de compte, le budget prévu fut dépassé de 100 000 dollars mais, dès ce moment, Quentin et Lawrence, ces deux larrons complètement inconnus jusqu'alors, venaient de faire un premier pas sur le sentier de la gloire.

## SÉQUENCE 12

### *Bande à part*

Les choses sérieuses pouvaient commencer. D'abord le casting. Keitel hésitait encore entre les trois rôles : White ? Pink ? Blonde ? Pour les autres interprètes, les premiers tests furent faits à Los Angeles, mais Harvey tenait à ce qu'il y en ait d'autres à New York. Ses deux *aficionados* n'ayant pas un radis, il prit les frais en charge et installa les *kids* au *Mayflower Hotel*. Les mémorables auditions qui suivirent leur permirent de repérer Steve Buscemi, un acteur spécialisé jusque-là dans les seconds couteaux de films à petits budgets. Devant sa performance, Tarantino abandonna l'idée de jouer Mr Pink et décida de lui confier le rôle.

Harvey les emmena dîner au *Russian Tea Room* où Quentin goûta au caviar pour la première fois. Keitel semblait beaucoup s'amuser. Il se faisait l'impression d'être une sorte de parrain qui sort les gosses au cirque. Ce fut là que Bender osa s'avancer : « Harvey, tu as tellement fait pour nous... Je voudrais que tu sois coproducteur. » Keitel eut un de ses rares sourires et répliqua simplement : « Lawrence, ça fait un bout de temps que j'attends que tu me le proposes. »

Choisi à la fois par Keitel et par Tarantino qui le voyaient alors dans la peau de Mr Pink ou celle de Mr Blonde, Tim Roth, l'acteur anglais de *The Hit (The Hit)* de Stephen Frears et du *Vincent et Théo* de Robert Altman où il interprétait Van Gogh, fut finalement agréé pour le rôle de Mr Orange, le flic infiltré dans la bande de voleurs de bijoux et dont la traîtrise va transformer le casse en boucherie, boucherie dont il sera d'ailleurs l'une des victimes. L'un des moments les plus drôles et les plus forts de son interprétation est celui où, autour d'un verre, il entreprend de convaincre Joe Cabot (Lawrence Tierney), Nice Guy Eddie (Chris Penn) et Mr White (Harvey Keitel) qu'il est réellement un gangster en leur racontant l'un de ses coups afin qu'ils l'acceptent dans la bande. En fait, il a répété cette scène plusieurs fois avec l'un de ses collègues de la police pour paraître crédible. Roth adorait cette idée de jouer un personnage qui, au sein même du film, en joue un autre. Cette mise en abîme l'amusait prodigieusement.

Michael Madsen (finalement Mr Blonde) cherchait un rôle différent de ceux de « brave gars » qui lui collaient à la peau depuis *Thelma et Louise*, le hit de Ridley Scott avec, déjà, Harvey Keitel. Un ami de Bender lui avait fait lire les scénarios de *True Romance* et de *Natural Born Killers* qu'il avait appréciés sans comprendre d'ailleurs pourquoi personne ne prenait le risque de les monter. Aussi n'hésita-t-il pas quand Monte Hellman lui communiqua le nouveau script de Tarantino en lui proposant de prendre part à l'aventure. Rien de tel pour casser une image un peu trop proprette qu'un personnage de psychopathe profondément sadique, Vic Vega, le tueur coupeur d'oreilles, frère du Vincent Vega, hamburgerophage averti de *Pulp Fiction*...

Le reste de la distribution inclut bientôt un certain nombre d'autres fortes individualités. Quentin imposa Lawrence Tierney, l'un de ses héros, le *Dillinger* (1945), le maniaque homicide de *Born to kill* de Robert Wise (1947) et l'un des dédicataires du premier jet de *Reservoir*, dans le rôle de Joe Cabot. Comme toujours, le *wonder boy* rêvait son film : en distribuant Tierney, il ignorait même si l'acteur, un vétéran, était encore de ce monde. Comme toujours, les rêves de Mr Brown (le personnage qu'il se réserva finalement) – Tarantino ont une très nette tendance à devenir réalité. Tierney, bien vivant, accepta.

Le cas de Mr Blue est tout aussi singulier. Recommandé par Chris Penn, frère aîné de Sean et choisi pour être Nice Guy Eddie, Edward Bunker (voir appendice 3), après une carrière remarquée de braqueur de banques, s'était reconverti dans le double registre auteur-acteur. « Sur le tournage, il était notre conseiller technique officieux... » affirme en riant Steve Buscemi.

Cette fois tout était prêt. Grâce encore une fois à Monte Hellman, Quentin obtint de pouvoir participer à la session de juin du Sundance Institute. Là, il allait retrouver Tim Roth et Steve Buscemi et apprendre tout ce qui lui faisait défaut en matière de technique cinématographique proprement dite. A la fin de ce stage, il pourrait enfin donner le premier tour de manivelle de *Reservoir Dogs*.

# SÉQUENCE 13

## *Path of Glory*

Le Sundance Institute fut fondé par Robert Redford et baptisé du nom de son personnage dans le film *Butch Cassidy and the Sundance Kid*. Il se situe au cœur des montagnes de l'Utah et a pour but d'offrir à de jeunes réalisateurs et scénaristes une chance de rencontrer des professionnels, de leur montrer leur travail et d'en recevoir en échange avis et, parfois, coups de pouce. Quentin, lui, en attendait surtout de nouveaux acquis techniques et entreprit de tourner à titre expérimental quelques scènes de son scénario. Il choisit celles où Mr White et Mr Pink se retrouvent dans le garage après le hold-up. Steve Buscemi, présent cette année-là lors de la session, jouerait lui-même son futur rôle, Tarantino remplacerait momentanément Keitel.

Le résultat des expériences des élèves est ensuite projeté, selon la règle du Sundance à un panel de metteurs en scène présents qui font part de leurs critiques. Si l'accueil réservé aux premières séquences de *Reservoir dogs* par le premier groupe fut hostile, le second au rang duquel on comptait Terry Gilliam (*Brazil*) et Volker

Schlöndorff (*Le Tambour*) admira l'audace, l'énergie et l'inventivité des dialogues et du réalisateur. Quentin, lui, adora l'ambiance de travail et l'ensemble de son séjour à Sundance dont il devait bientôt devenir le plus célèbre des élèves.

La rumeur commençait à courir qu'un jeune prodige allait tourner un premier film qui promettait d'être mémorable. Cathryn James, l'ancienne manager de Tarantino en 1983, l'incita alors à signer un contrat avec la William Morris Agency qui représenterait et protégerait dorénavant ses intérêts.

Deux nouvelles semaines furent consacrées à la réécriture de certaines scènes et le tournage, qui dura un mois et demi, débuta. Tournage méticuleux mené de main de maître par un réalisateur « qui sait ce qu'il veut et comment l'obtenir ». Bien que le budget soit correct, il était difficile à la production de payer la voiture de Mr Blonde. Michael Madsen arriva donc au volant de sa propre Cadillac jaune datée de 65. Ce qui donna lieu à un incident qui devait être à l'origine d'une des trouvailles du film. A la répétition, Madsen enferma comme prévu Kirk Baltz, l'acteur qui jouait le flic ramené par Blonde au garage, dans son coffre et entreprit de faire le tour du pâté de maisons. Tout en roulant, affirma-t-il plus tard, il se remémora une scène de l'un de ses films préférés, *White Heat* (*L'enfer est à lui*), où James Cagney, dans les mêmes circonstances, tire deux balles à travers le coffre soidisant pour donner de l'air à son otage et ce, en dévorant tranquillement une cuisse de poulet. Totalement dans l'ambiance, Madsen, faute peut-être d'aimer le poulet, se contenta de s'arrêter dans un fast-food et d'y acheter un coca avant de regagner le plateau où l'attendait une équipe légèrement inquiète de son retard. Lorsqu'il arriva, sirotant son coke et, suivi d'un Baltz trempé de sueur et couvert de poussière après son séjour prolongé en tête-à-tête avec les chiffons et autres bidons d'huile qui emplissaient l'arrière de la Cadillac, Quentin trouva l'idée parfaite, seul Mr Blonde si cool et si cinglé à la fois, pouvait en plein carnage trouver le moyen de faire une pause pour acheter un soda, qu'il la garda sur le tournage.

Le titre, quant à lui, demeure un mystère. La version officielle et légendaire accréditée par Connie, Bender et quelques autres proches, veut que ce soit le nom dont Quentin ait affublé le film de Louis Malle *Au revoir les enfants*, incapable qu'il était de prononcer la phrase en français. Par extension, on peut penser que ce titre était devenu pour lui symbolique et synonyme de *film* tout simplement...

Présenté en avant-première au Sundance Festival en janvier 92, *Reservoir Dogs* n'y remporta aucun prix. Omission moins due au fait de sa violence ou de son contenu choquant qu'au bruit qui courait déjà que son auteur était dans le colimateur de Hollywood et n'allait pas tarder à devenir l'un des metteurs en scène les plus en vue des Etats-Unis. Les jurés de Sundance estimèrent donc qu'il n'avait pas besoin d'une aide supplémentaire.

La bombe éclata lors du Festival de Cannes en mai suivant, transformant du jour au lendemain un huis-clos policier réalisé avec peu de moyens par un inconnu en *cult-movie* et Tarantino en star internationale. *Vanity Fair*, *Interview* s'arrachèrent Quentin en couverture et *Reservoir* fut élu par la critique anglaise « film-culte de la décennie ». Il était temps. Tarantino allait avoir trente ans dans quelques mois. Pari gagné, encore une fois !

## SÉQUENCE 14

## *Swimming with Sharks*

La gloire venue, quelques producteurs avisés, quoique légèrement retardataires, s'aperçurent soudain qu'ils possédaient dans leurs tiroirs deux textes signés Tarantino, *True Romance* et *Natural Born Killers*.

### TRUE ROMANCE

Résumé des chapitres précédents : après de nombreux aléas, Stanley Margolis avait décidé de produire le film. Tarantino, constatant la bonne foi de son producteur mais aussi l'impossibilité de le voir réussir à monter l'entreprise tant qu'il imposerait aux compagnies capables de le financer un réalisateur, lui-même, alors complètement inconnu, accepta de voir un autre, William Lustig, prendre sa place et, dédommagé financièrement d'une somme modique qu'il réinvestit immédiatement dans *Reservoir Dogs*, se désintéressa du projet. On lui avait volé son bébé, à d'autres de s'en occuper...

Curieusement, Lustig, réalisateur au début des

années 80 de films d'horreur [1] qui feraient passer *Les griffes de la nuit Freddy 1* pour une bluette se mit en tête de donner au script une *happy end*. En effet, dans le scénario original, Clarence, le héros, mourait, laissant seule et désespérée son Alabama d'épouse, laquelle deviendra un personnage récurrent du monde Tarentinesque puisqu'il y sera fait allusion au début de *Reservoir dogs* comme à la récente compagne, séparée, de White-Keitel. Pour une fois, Tarantino semblait faire office de défenseur des valeurs morales américaines. Lustig ne l'entendait pas de cette oreille et demanda donc à Roger Avary, commensal de longue date du *wonder boy* de changer la fin. Alabama sauve son Clarence et, lestée de la valise contenant l'argent de la cocaïne, part avec lui sous des cieux plus propices pour y élever leur fils, baptisé, évidemment, Elvis.

Lustig acheta donc le scénario à Tarantino mais ne parvint pas à le monter. Après moult tergiversations, Margolis dut en céder les droits à Samuel Hadida qui envisagea tout de suite d'en faire une production à gros budget. La *party* de Noël 90 fut décisive. Tony Scott et son partenaire Bill Unger relurent le script de *True Romance*. Mais un autre facteur que le simple charisme de Quentin força l'attention de Unger : « J'avais entendu parler de *Reservoir Dogs* et je savais que ce film allait provoquer quelque chose de particulier parce qu'Harvey Keitel s'y était attaché un peu comme un mentor, et je connais Keitel, il ne s'engage jamais à la légère. »

---

1. Dont *Maniac* et *Vigilante*.

© Collection Jean-Pierre Deloux

Le Boy's Band Gang de *Killing Zoe*.
Un film de Roger Avary ultraviolent.

*True Romance* : réalisé par Tony Scott, il doit tout au scénario de Quentin et à son écriture paroxysmique.

© Collection Jean-Pierre Deloux

© Darren Michaels

Jackie Brown : une dure à cuire coincée
entre flics et truands…

Pam Grier est Jackie Brown jusqu'au bout des ongles.

© Darren Michaels

Q. T. en pleine action : Touche pas à ma caméra…

Tarantino sur le tournage de *Jackie Brown* : à la caméra, avec les acteurs, partout sur le plateau !

Le fabuleux duo d'acteurs de *Jackie Brown* :
qui tirera à lui la couverture ?
L'ex-taulard grisâtre (De Niro)
ou le tueur irradiant (Samuel L. Jackson)…

Illumination ou K.O. frauduleux ?
Butch (Bruce Willis), le boxeur de *Pulp Fiction,*
se couchera-t-il (au cinquième round)
devant Willis (!) son adversaire ?

Le trio de choc de *Pulp Fiction* :
Jules (Samuel L. Jackson), Vincent (John Travolta)
et Mr Wolf (Harvey Keitel) en nettoyeur…

*En haut, à droite :*
Mr White (Harvey Keitel), le gangster à principes
de *Reservoir Dogs* dont il est aussi coproducteur.

*En bas, à droite :*
On ne touche pas à la femme de Marsellus Wallace,
Mia (Uma Thurman), on ne lui masse même pas les pieds !

Trahi par Oliver Stone,
Tarantino, scénariste,
retira son nom
du générique
de *Tueurs Nés*.

*True Romance :*
Alabama (Patricia
Arquette), la dégaine
hillbilly de la fille trop
bonne pour être une
vraie garce.

Quentin fut plus que ravi lorsqu'il sut que Tony Scott allait finalement faire le film. Eu égard aux échos qu'ils avaient de *Reservoir Dogs*, Unger et Scott eurent même la délicatesse de lui proposer de le diriger. A quoi le *wonder boy* se contenta de répondre : « J'ai écrit trois scripts que j'ai considérés à chaque fois comme mon premier film. Maintenant, j'ai réalisé mon premier film. Les autres sont comme d'anciennes petites amies, elles ont leurs vies... Et j'adorerai voir mon univers à travers les yeux de Tony. »

Ceci clarifié, Morgan Creek soutenant Tony Scott, il fallut dédommager Miramax, distributeur de *Reservoir*, Harvey et Bob Weinstein crédités finalement comme producteurs exécutifs. Hadida négocia le budget avec la banque française Paribas. L'accord incluait deux facteurs essentiels : Scott à la mise en scène et Christian Slater dans le rôle principal. Le film eut un joli succès et, contrairement à ce qu'affirmeront ensuitc les détracteurs de Tarantino lors de l'affaire *Natural Born Killers*, le nouveau *cult-director* n'eut aucun mal à abandonner la réalisation à un autre et ne se crut pourtant pas forcé de faire des commentaires désobligeants...

## Natural Born Killers

Concu au départ comme une sorte de satire noire des médias aux Etats-Unis et payant son dû au *Badlands* du trop rare Terence Malik (*Les Moissons du ciel*), NBK, comme nous le nommerons maintenant, déchaîna nombre de querelles. Vendu, en des jours de dèche par Tarantino au couple de producteurs Don Murphy et Jane Hemscher (10 000 dollars d'avance, ça paye toujours le loyer...), il devait être réalisé par Rand Vossler, le vieux pote de Quentin, mais les jeunes loups de la production préférèrent bientôt un metteur en scène plus connu et, Tarantino déclinant l'offre après le succès de *Reservoir*, le scénario atterrit finalement entre les mains d'Oliver Stone. Stone, réalisateur inégal (le magnifique *Salvador*, le très singulier *Nixon* et les discutables *JFK* et *Doors*) recentra le script autour des figures de Mickey et Mallory Knox, les deux tueurs, alors que Tarantino avait au départ bâti le film comme une critique sévère mais profondément drôle et distanciée des médias au travers du personnage, alors central du journaliste Wayne Gayle. Anticipant la direction qu'allait prendre Stone et la contestant, Quentin ne se gêna ni pour la dénigrer, fut-ce en public, ni pour inciter ceux de sa « bande » d'acteurs qui furent contactés pour y participer (Madsen pour le rôle de Mickey, Steve Buscemi, Tim Roth) à refuser. Bien entendu, un tel comportement déclencha la polémique et les détracteurs d'un Quentin devenu trop rapidement célèbre à leur goût s'en donnèrent à cœur joie. Il avait trahi son ami Vossler ! Il sabotait son propre travail ! Quoi qu'il en soit et quelque parti qu'on prenne, force est de constater que *NBK* reste un Objet Cinématographique Non Identifiable, bourré d'effets-clichés, relevant de l'esthétique racoleuse du clip et dont le montage hyper saccadé, pour ne pas dire haché, flanquerait des maux de tête à un éléphant. Un vrai désastre ! Quentin n'a sans doute pas tort de renier ce rejeton difforme que des producteurs tout occupés à exploiter les retombées de sa jeune gloire voudraient malgré tout lui coller dans les bras (la publicité du film fut à tel point basée sur le slogan le nouveau script de Tarantino, lequel avait refusé de se voir crédité au générique, que l'actrice Uma Thurman qui venait de tourner sous sa direction *Pulp Fiction*, écœurée, s'opposa fermement, en tant que membre du jury, à l'attribution du Lion d'Or de Venise 94).

# SÉQUENCE 15

## *Limelight (1)*

« Après la violence et l'outrance de son premier film, que va faire Tarantino ? » C'est la question que se posait l'*Evening Standard* en février 93. La réponse fut donnée en mai 94 avec *Pulp Fiction.* Présenté à Cannes, il obtint une Palme d'Or très controversée, décernée par un jury présidé par l'une des idoles de Quentin-cinéphile : Clint Eastwood.

*Pulp Fiction* 1 : La production.

Au départ, les droits de la deuxième réalisation Tarantinienne furent acquis en 1991 par Tri-Star, une rumeur des plus favorables entourant le tournage de *Reservoir Dogs*. En 1993, alors que Quentin finissait, à Amsterdam, d'écrire le script, Harvey Weinstein, déçu de n'avoir pu monter avec Miramax *True Romance*, parvint à convaincre la firme hollywoodienne, un peu nerveuse – et si Tarantino était l'homme d'un seul film ? –, de lui revendre l'option. Dès lors, Weinstein put proclamer que « Miramax faisait désormais partie du gang Tarantino ». Le budget relativement modeste de 8 millions de dollars fut co-financé par la compagnie de Danny De Vito Jersey Films. « Je voulais en faire un film épique, affirme Quentin. Je voulais que le public croie qu'il avait coûté 20 ou 25 millions de dollars tant il serait bourré d'invention, de tension, d'ambition, de tout... sauf de beaucoup d'argent. »

*Pulp Fiction* 2 : L'écriture.

L'idée de *Pulp Fiction*, naquit comme souvent chez Tarantino, d'une conversation entre lui et Roger Avary à la suite d'une de leurs réunions infructueuses avec le premier producteur de *True Romance*, Stanley Margolis. La base du projet, baptisé dans un premier temps *Black Mask*, était simple : trois histoires construites sur le même modèle que les *pulps* et écrite chacune par l'un des deux larrons auquel s'adjoindrait un autre partenaire. Avary rédigea donc un premier jet de son cru intitulé *Pandemonium reigns*, script plutôt noir dont le héros, un boxeur, refuse de se coucher comme prévu dans son *deal* avec la pègre et s'enfuit avec un magot récolté auprès des bookmakers avant de tomber entre les mains d'un psychopathe, tout cela finissant très mal. L'anecdote du gangster accidentellement descendu dans la voiture et éclaboussant de son sang et de sa cervelle les deux autres passagers figurait déjà, elle aussi, dans une première version de *True Romance*.

Lorsqu'il envisagea, sitôt donné le dernier tour de manivelle de *Reservoir*, de réaliser *Pulp*, Quentin acheta donc à Roger les droits d'adaptation de ces deux fictions, bien décidé à les intégrer dans son film. Avary, trop occupé par ses propres projets – il montait à l'époque ce qui allait devenir *Killing Zoe* – ne put participer à la réécriture du scénario mais fut toutefois crédité au générique.

*Pulp Fiction* 3 : Les acteurs.

Outre Uma Thurman qui fait figure ici de « première véritable héroïne tarantinesque » (« Mon préféré parmi tous les personnages que j'ai écrits ») les Alabama de *Reservoir Dogs* et de *True Romance* tout comme les Bonnie de ce même film et de *Pulp* restant dans l'ombre ou n'ayant pas été directement mise en scène par Quentin, le casting réunit une belle brochette d'acteurs aussi exceptionnels que disjonctés parmi lesquels John Travolta, le héros de *Blow Out*, l'un des films fétiches de Tarantino. On y trouve également un Christopher Walken échappé de *True Romance* et, dans le rôle de l'inénarrable Mr Wolf (« I'm Mr Wolf, I solve problems »), le parrain lui-même : Harvey Keitel. Fin 93, le tournage pouvait commencer. Coming soon : *That's Entertainment !*

Désormais, comme pour tous les artistes, sa vie va se confondre avec son œuvre.

Ayant vu *Le Carrosse d'or* de Jean Renoir, lu Shakespeare et dansé avec Minnelli, il peut, à la fois, interroger : « Où finit le théâtre où commence la vie ? » et répondre : « Le monde est une scène... »

# DEUXIÈME PARTIE

# La Fiction

*La fiction surtout est un pays immense.*

Lamotte

# TARANTINO CINÉASTE

***Metteur en scène et scénariste :***

CINÉMA :

1985
-1987 MY BEST FRIEND'S BIRTHDAY [1]

1992 RESERVOIR DOGS (*id.*)

1994 PULP FICTION (*id.*)

1995 THE MAN FROM HOLLYWOOD, épisode du film FOUR ROOMS [2], co-réalisé avec **Allison Anders, Alexandre Rockwell, Robert Rodriguez**

1997 JACKIE BROWN (*id.*)

**Télévision** :

1995 MONTHERHOOD, épisode de la série **Urgences** (Maternité, dif. : France 2)

***Scénariste :***

1992 TRUE ROMANCE (*id.*), de **Tony Scott**

1994 NATURAL BORN KILLERS (*Tueurs nés*), de **Oliver Stone**, (*Tarantino, auteur du scénario original, n'est pas cité au générique*)

1996 FROM DUSK TILL DAWN (*Une Nuit en enfer*), de **Robert Rodriguez**

***Coscénariste :***

1995 Supervision des dialogues de USS ALABAMA de Tony Scott

1997 CURDLED

***Producteur exécutif :***

1993 KILING ZOE dc **Roger Avary** [3]

1997 CURDLED (*Sang-froid*) de Red Braddock

***Acteur, outre ses films :***

1994 SLEEP WITH ME (*id.*), de **Rory Kelly**
SOMEBODY TO LOVE (*id.*), de **Alexandre Rockwell**

1995 ALL AMERICAN GIRL (apparaît dans un épisode) de **Margaret Cho**
DESPERADO (*id.*) de **Robert Rodriguez**
DESTINY TURNS ON THE RADIO, de **Jack Baran**

1996 FROM DUSK TILL DAWN (*id.*), de **Robert Rodriguez**
GIRL **6** (*id.*), de **Spike Lee** [4]

1997 CURDLED (*Sang-froid*) de Red Braddock

---

1. Inachevé et inédit. La dernière bobine a été perdue.
2. Distribué à la location en France sous le titre GROOM SERVICE.
3. Le film est produit par Samuel Hadida et Lawrence Bender. Tarantino fait figurer son nom comme producteur exécutif pour aider son ami Roger Avary. Telle est sa seule participation à ce film violent et paroxysmique, radicalement différent de la Tarantino's touch.
4. Outre ses activités de créateur, Tarantino dirige, associé à Miramax, Rolling Thunder, une société de distribution qui a sorti : CHUNGKING EXPRESS de Wong Kar-Wai, réédité SWITCHOLADES SISTERS de Jack Hill et SONATINE de Takeshi Kitano.

## SÉQUENCE 1

## *Reservoir Dogs*

SÉQUENCE PRÉGÉNÉRIQUE

Dans un bar de Los Angeles, six hommes vêtus de manière similaire, costume cravate noire et chemise blanche et portant des noms de couleur (Brown, Orange, Pink, Blue, Blonde et White), discutent autour d'un petit déjeuner du sens caché d'un texte de Madonna. Un homme plus âgé, Joe Cabot et son fils Eddie sont également présents. Joe règle l'addition, ordonne « Au boulot ! ». Tous se lèvent et s'en vont.

GÉNÉRIQUE

Plus tard dans la journée, une voiture conduite par Mr White file à toute vitesse dans les rues de la ville. A l'arrière, Mr Orange. Il a reçu une balle dans l'abdomen et semble très mal en point. White le traîne jusqu'au garage où ils doivent attendre les autres.

Arrive Pink, surexcité. La discussion entre White et lui nous apprend ce que nous devinions déjà. Le hold-up organisé par Joe et réalisé par les autres, attaque d'une échoppe de diamantaire, a mal tourné. White et Pink s'isolent dans la pièce voisine, une sorte de salle de bains, et continuent de s'affronter. Pink est persuadé qu'ils ont été trahis et qu'ils doivent fuir sans attendre Joe et Eddie. White refuse d'abandonner Orange et avoue à son compagnon qu'il a révélé au blessé son identité et ce, malgré les ordres formels de Cabot.

FLASH-BACK : Mr WHITE

Le bureau de Joe Cabot. Après avoir échangé de vagues nouvelles de leurs connaissances communes, il propose à White de participer à l'un des nouveaux coups qu'il prépare, un hold-up, « un boulot facile, avec cinq autres types ».

RETOUR AU GARAGE

Alors que White et Pink ont sorti leurs revolvers et se braquent mutuellement, apparaît Mr Blonde. Ils les calment et White, se rangeant finalement du côté de Pink, propose de vider les lieux. Blonde refuse, ils doivent attendre Eddie. Une autre querelle éclate, cette fois entre Blonde et White. Ce dernier accuse l'autre d'avoir fait foirer le coup en tirant à tort à travers quand le système d'alarme de la bijouterie s'est déclenché et d'être peut-être la balance. Pink intervient. Blonde les entraîne jusqu'à sa voiture et extrait du coffre, ficelé, un flic en uniforme.

FLASH-BACK : Mr BLONDE

Retour dans le bureau de Joe. Vic Vega alias Mr Blonde, vient de sortir de prison. Il est reçu à bras ouverts par Joe, son ancien patron qu'il a toujours refusé de donner aux flics et Eddie, son vieux pote. Après quelques tergiversations, Cabot accepte, bien qu'il soit encore en conditionnelle de le laisser monter sur un coup, celui de la bijouterie.

RETOUR AU GARAGE

Eddie vient d'arriver. White lui demande de faire quelque chose pour Orange tandis que Pink s'acharne à répéter qu'ils ont été donnés. Eddie, après leur avoir annoncé la mort de Brown et celle de Blue, leur ordonne de « virer leurs bagnoles de devant la porte » et tous trois sortent.

Pendant ce temps, resté seul avec son otage, Mr Blonde décide de le torturer « juste pour le *fun* » et lui tranche une oreille avant de l'asperger d'essence. Au moment où il s'apprête à y mettre le feu, Orange sort de son évanouissement et le tue. Explication : Orange est un flic chargé de faire tomber Joe Cabot.

FLASH-BACK : MR ORANGE

Freddy, futur Mr Orange, rend compte à son contact des détails de l'affaire que prépare Cabot et où celui-ci veut l'engager. L'autre lui conseille alors pour accréditer auprès des autres (Joe, Eddie, White) son personnage de « pro » de leur jouer la comédie en leur racontant une anecdote de boulot. Freddy s'exécute avec un brio convaincant.

JOUR J

Eddie appelle Freddy qui se rend au garage. Là, malgré les objections et les réticences de Mr Pink, décidément mauvais coucheur, Joe distribue les pseudos.

RETOUR AU GARAGE

De retour, White, Eddie et Pink découvrent le cadavre de Blonde. Orange prétend avoir été obligé de le tuer pour éviter à ce psychopathe de brûler vif le flic. White approuve : Blonde était cinglé. Eddie, sans écouter, flingue le flic. Arrive Joe qui révèle le pot aux roses : Orange appartient au LAPD. White refuse de le croire et s'interpose. Les trois hommes, Cabot Jr et son père et White s'affrontent. Echange de balles. Joe et Eddie sont tués, White blessé. Pink fiche le camp avec la valise de diamants, les policiers à ses trousses. Orange avoue sa traîtrise à White qui l'achève d'une balle en plein front, avant de s'écrouler sous les tirs groupés des flics qui viennent de pénétrer dans le garage.

Avant toute chose, *Reservoir Dogs* est un film d'acteurs et de personnages. L'action en elle-même est simple et fonctionne sur deux ressorts : un hold-up qui tourne mal et un flic-espion qui se dissimule au sein d'une équipe de gangsters. Unité de lieu, quasi-unité de temps (seules quelques séquences de flashback intelligemment glissées nous permettent de décrypter les choses avec un zeste d'avance), le film est surprenant de bout en bout grâce à l'inventivité du dialogue et à la richesse des caractères et des liens qui se tissent entre eux.

**Mr White** est l'archétype du gangster old fashioned, droit, rigoureux, faisant correctement son boulot ; avec lui, pas de surprise, pas de fusillade intempestive. Il prend sous son aile, presque paternelle, Orange, la nouvelle recrue et refuse de toutes les manières de croire en sa culpabilité. Jusqu'à la fin, il la niera, fût-ce quand il en aura la preuve, moitié par affection réelle pour son complice, moitié par volonté de se dissimuler le fait d'avoir été trompé. A l'instar de Pink, White n'est pas véritablement un violent, il fait son job, c'est tout, la

LIVE AMERICA présente
une production Lawrence Bender
en association avec Monte Hellman
et Richard N. Gladstein.

**Reservoir Dogs**
Mr White (Larry) : Harvey Keitel
Mr Orange (Freddy) : Tim Roth
Mr Blonde (Vic) : Michael Madsen
Nice Guy Eddie : Chris Penn
Mr Pink : Steve Buscemi
Joe Cabot : Lawrence Tierney
Holdaway : Randy Brooks
Marvin nash : Kirk Baltz
Mr Blue : Eddie Bunker
Mr Brown : Quentin Tarantino
Teddy : Michael Sottile
Shot Cop : Robert Ruth
Young Cop : Lawrence Bender
Shocked Woman : Linda Kaye
Shot Woman : Suzanne Celeste
The voice of K-Billy, DJ : Steven Wright
Crew :
Casting by : Ronnie Yeskel
Music Supervisor : Karyn Rachtman
Radio Dialogue : Quentin Tarantino/Roger Avary
Costume Designer : Betsy Heimann
Special Make-up Effects : KNB EFX Group
Production Designer : David Wasco
Editor : Sally Menks
Director of Photography : Andrzej Sekula
Executive Producers : Richard N. Gladstein Ronna B.
Wallace : Monte Hellman
Co-Producer : Harvey Keitel
Producer : Lawrence Bender
Written and Directed by : Quentin Tarantino
Music/Songs : Little Green Bag (J.G. Visser/B. Bouwens), performed by George Baker Selection ; Stuck in the Middle with You (G. Rafferty/J. Egan), Stealer's Wheel ; I Gotcha, Joe Tex ; Fool for Love, Sandy Rogers ; Hooked on a Feeling (M. James), Blue Suede ; Coconut, Harry Nilsson ; Harvest Moon (J. Joyce), Bedlam ; Magic Carpet Ride (R. Moreve/J. Kay), Bediam ; Wes Turned Country, Nikki Bernard ; Country's Cool, Peter Morris ; It's Country, Henrik Nielson.

1992, 102 mins (Live America)

seule différence, c'est que celui-ci l'amène souvent à se servir d'armes à feu. Mais il n'a rien d'un pervers, et la relation de sympathie qui l'unit à Orange et l'incite à rester auprès de lui, à le défendre et, finalement, à l'achever, prend des allures de voie de rédemption.

**Mr Orange** est un curieux mélange, un être à double face. D'une part, le flic, invisible aux yeux des autres de la bande, le défenseur de l'ordre, l'acteur (« un flic infiltré doit être Marlon Brando ») qui répète la grande scène qui lui permettra d'arracher à Joe Cabot la décision de le mettre sur le coup, même si le vieux renard se méfie et se méfiera toujours de lui (« C'était le seul dont je n'étais pas sûr »), de l'autre, une sorte de gamin qui semble s'amuser à jouer à un jeu qu'il n'imagine pas si dangereux et qui considère White comme une sorte de héros dont il recherche l'amitié et qu'il se reprochera jusqu'à la mort, sa confession finale en témoigne, d'avoir trahi.

Si violence froide, crue, choquante, il y a, c'est en **Mr Blonde** qu'il faut la chercher. Au début du film, Vic Vega apparaît pourtant comme un gentleman, le premier à douter des supposés sous-entendus sexuels de la chanson de Madonna, le premier à prendre la défense de la serveuse. Mais, très rapidement, la façade se déglingue. La faute à la prison dont il vient de sortir usé et transformé comme plus tard Louis Gara dans *Jackie Brown* ? En tout cas, cette capacité à « péter les plombs » tout en demeurant au-dehors d'un calme et d'une nonchalance absolue horripile le professionnel qu'est White. Et le fait que l'homme que Blonde torture soit un flic ne change rien à l'affaire : White et même Pink sont beaucoup trop « normaux » pour parvenir à comprendre un comportement de psychopathe.

**Mr Pink** enfin joue un peu le rôle de mouche du coche. « Je suis un professionnel », « n'oublions pas que nous sommes des pros ! », c'est son leitmotiv. Mesquin, coupeur de cheveux en quatre, il est aussi le seul à faire preuve de réalisme. Lui se charge de rappeler aux autres dans quel guêpier ils se sont fourrés, de critiquer leurs attitudes quand elles sont trop dictées par la colère, le manque de logique ou la folie. Mr Pink est avant tout un survivant.

Quatre personnages principaux, quatre types d'hommes aussi différents que possible, quatre acteurs totalement dissemblables, servis par un dialogue sur mesure, une mise en scène dont la violence apparemment explosive est, en fait, totalement maîtrisée, un scénario bourré de clins d'œil (le ballon orange qui flotte derrière la voiture lorsque Eddie discute au téléphone avec son père de l'éventualité d'une traîtrise, les figures récurrentes, l'Alabama de *True Romance* (dans le script original, Clarence trouvait la mort), le Marsellus Wallace de *Pulp Fiction*), tout contribue à faire de *Reservoir dogs* un film-culte, parfait initiateur à l'univers et au « langage » tarantinesque.

## SÉQUENCE 2

### *Pulp Fiction*

*La séquence prégénérique* est précédée de deux définitions de *pulp* :

« *Papier à bon marché, littérature à bon marché.* »

*Séquence prégénérique* : deux amoureux, *Pumpkin* et *Honey Bunny* prennent un petit déjeuner dans une banale cafétéria. Les yeux dans les yeux, ils discutent calmement des modifications que doit subir leur activité criminelle : l'attaque des magasins de spiritueux devient trop risquée, les attaques de banques se trouvent, elles, à un niveau qui n'est pas encore le leur. Le jeune homme a soudain une idée, ils sortent leurs armes, la jeune fille saute sur la table et tous deux braquent l'assistance. Elle, avec la frénésie d'une psychopathe à la détente facile ; lui, avec le calme d'un vieux pro.

*Prologue postgénérique* : deux hommes revêtus de costumes identiques à l'élégance discrète, Jules, un Black, et Vincent, un Blanc de retour d'Europe, discutent herbe et bouffe à l'étranger. S'arrêtant devant un immeuble, ils poursuivent le plus naturellement du monde leur conversation en sortant du coffre de leur véhicule deux automatiques de calibre 45. Il est clair que ces deux hommes sont venus pour tuer.

Vincent se plaint et regrette qu'ils n'aient pas pris, dans l'incertitude du nombre d'hommes à abattre, des fusils à pompe. La conversation repart sur Tony Rocky Horror, un Samoan de leurs amis, qui a été défenestré de son appartement pour avoir massé les pieds de la femme de leur patron. Jules veut savoir pourquoi son ami remet cette affaire, chaque fois, sur le tapis. Simplement, répond l'autre, parce que Marsellus, leur boss, lui a demandé de veiller sur sa femme, Mia, durant son absence, et de sortir avec elle.

Dans l'appartement, ils découvrent trois jeunes types en train de prendre leur petit déjeuner à grand renfort de nourriture provenant d'un restau hawaïen voisin. Ils récupèrent une mystérieuse valise appartenant à Marsellus et au contenu aussi précieux que secret. Jules commence à goûter les burgers qu'il trouve délicieux, puis enchaîne sur un extrait du *Livre d'Ezéchiel*, que l'on devine appartenir à son rituel d'assassin. Enfin, les deux hommes ouvrent le feu.

### *Vincent Vega et la femme de Marsellus*

Dans un club, à moitié vide, Marsellus, de dos, carré sur son siège, conseille à Butch, un boxeur, de se coucher au cinquième round d'un match devant avoir lieu très prochainement. Arrivent Vincent et Julius, tous deux sont habillés de shorts et de

T-shirts démodés aux couleurs passées. Jules refuse de dire ce qui est arrivé à leurs vêtements. Vincent énerve Butch, que seul un ordre de Marsellus prévient de cogner le jeune tueur.

Dans un appartement, Vincent, assis, écoute une jeune femme énumérer à sa copine les *piercing* [1] de son corps. Une véritable Californienne, explique-t-elle soucieuse de sa « modernité primitive » se doit de dépasser la combinaison ordinaire, nez/oreille/sourcils, pour se faire percer les tétons et éventuellement le clitoris. Lance arrive enfin pour effectuer un deal avec Vincent et lui vendre un lot d'héroïne comme il n'en avait jamais pris. Les deux hommes échangent des banalités ; Vincent se plaint que des voyous lui aient rayé la peinture de sa voiture ; Lance partage sa colère. Vincent lui demande s'il peut utiliser la salle de bains pour un *shoot*. Pas de problème, cool, mec. Tu veux aussi sauter la copine de ma femme ? Non, Vincent est pressé, mais il a été sensible à cette attention.

Vincent arrive chez son boss pour sortir avec Mia, comme prévu. L'appartement est protégé par les derniers systèmes de protection... Mia le regarde par la vidéo intérieure se servir un verre, tandis qu'elle se fixe à la cocaïne. Ils se retrouvent enfin, après une promenade en voiture, au *Jack Rabbit Slim's*, un restaurant à thème, très « sixties » avec des sosies de Jayne, Marilyn, Elvis, Buddy ou Chuck [2]. Pas très à l'aise, Vincent finit par se décontracter et il accepte de participer avec

---

1. Mode consistant à se percer certaines parties du corps plus ou moins sensibles pour porter un bijou d'or ou d'argent.

2. Mansfield, Monroe, Presley, Holly, Berry.

sa compagne à un concours de twist [1] qu'ils remporteront haut la main...

De retour chez Wallace, il est manifeste que les deux se sont éclatés, qu'ils éprouvent de l'intérêt l'un pour l'autre, et que la soirée est loin d'être terminée. Vincent s'excuse un instant, Mia fouille sa veste à la recherche de tabac pour se rouler une cigarette. Elle découvre le paquet de poudre, croit que c'est de la cocaïne, et décide de se faire une ligne. C'est immédiatement l'overdose ! De retour, Vincent s'affole et il est terrifié devant ce qui arrive. Il charge cependant la jeune femme dans la voiture, roule à fond la caisse tout en téléphonant à Lance.

Celui-ci refuse de l'aider, lui conseille d'aller à l'hôpital et de prendre un avocat. Au lieu de cela, Vincent arrive chez lui, se gare sur sa pelouse et porte Mia dans le salon tout en avertissant son copain que si Mia meurt, ce sera lui qui sera considéré, étant le dealer, comme responsable ! Lance demande à sa femme, la folle du piercing, de lui amener un flacon d'adrénaline, mais il ne sait pas comment faire la piqûre salvatrice : une injection dans le cœur que réussira Vincent.

Mia sauvé, il la ramène chez Marsellus où tous deux s'accordent pour laisser le Boss ignorant de cet incident de parcours.

---

1. Variante du madison, consiste en un déhanchement illustré par Travolta dans *La Fièvre du samedi soir* ou *Grease*.

*La montre en or*

Un petit garçon du nom de Butch reçoit la visite du capitaine Koons qui, distrayant son attention de la télévision, lui tient un discours sentimental à propos du talisman familial qu'il lui a ramené du Viêt-nam, une montre en or.

Cette montre appartenait à l'arrière-grand-père du gamin qui la porta durant la Première Guerre mondiale, avant de la confier à son fils qui combattit avec elle durant la Seconde Guerre mondiale, avant d'être à son père qui la dissimula dans son cul, lors de sa capture par les Viets. Peu avant sa mort, il la confia à Koons, son meilleur ami. Maintenant, elle appartient à Butch qui devra s'en montrer digne...

Butch le gamin est devenu Butch le boxeur magouilleur qui doit de coucher devant un adversaire plus faible que lui, afin que Marsellus touche ses paris, Butch étant le favori.

Au dernier moment, Butch se révolte et étend son adversaire pour le compte. On apprendra plus tard qu'il est mort. Pour échapper à la vengeance de Marsellus qui a dû, en plus, parier très fort sur son adversaire, il lui faut fuir au plus vite. C'est donc un homme à moitié nu qui pénètre dans le taxi d'une Colombienne qui n'a aucune peine à l'identifier. Une fois au motel, il se comporte avec la plus grande tendresse avec Fabienne, sa compagne. Le lendemain, il s'aperçoit qu'elle a oublié la montre. Il retourne à leur appartement sur la petite moto Honda de Fabienne, retrouve sans mal la montre tout en découvrant une mitraillette. Butch décide d'affronter l'intrus qui n'est autre que Vincent. Butch le braque, il sursaute quand le toaster entre en action et appuie sur la détente : Vincent tombe au sol déchiqueté et sanglant. Butch s'enfuit. Dans la rue, Marsellus revient vers l'appartement un sac de Donuts Teriyaki [1] d'une main, dans l'autre un café. Paniqué, Butch fonce sur lui, le renverse, s'enfuit et dérape, un peu plus loin. Marsellus revient à lui, ouvre le feu dès qu'il aperçoit le boxeur qui se réfugie dans une boutique. Marsellus le rejoint, Butch l'étend à terre, assommé, et le désarme tandis qu'il se fait mettre en joue par le propriétaire qui l'assomme à son tour. Ce dernier va téléphoner en murmurant : « Personne ne tue personne dans ma boutique, sinon moi ou Zed. »

Quand ce dernier arrive, les deux prisonniers sont pieds et poings liés : il semble qu'ils se trouvent dans une sorte de cave destinée à des pratiques sado-masochistes. Butch est laissé à la surveillance d'une espèce de monstre humain, tandis que les deux comparses fichent la raclée de sa vie à Marsellus, avant de le sodomiser. Butch parvient à se débarrasser de ses liens et de son gardien. Il s'empare d'un sabre de samouraï avec lequel il élimine le patron de la boutique. Il menace Zed, qui est blessé d'un coup de fusil par Marsellus.

Butch demande à Marsellus où ils en sont. Nulle part, répond ce dernier, s'il quitte la ville, n'y revient plus et ne parle à personne de ce qui vient

---

1. *Doughnut*, beignet servi au petit déjeuner, aux USA, généralement nature, quoique sucré le plus souvent.

de se passer. A Zed en train d'agoniser lentement, Marsellus promet une mort encore plus difficile, entre les mains de deux Noirs spécialisés dans le boulot à la tenaille et au chalumeau.

Butch s'en va sur le Chopper de Zed, pour emmener Fabienne vers une nouvelle vie.

*Le plan Bonnie*

Retour à la situation du prologue, quand Vincent et Jules, après avoir récupéré l'attaché-case, flinguent les trois nuisibles du studio. Un quatrième homme surgit de la salle de bains et ouvre le feu avec un Magnum sur les deux hommes ; il vide même son arme, sans toucher l'un ou l'autre des deux tueurs qui restent, un temps, totalement silencieux, avant de l'abattre.

Vincent sermonne Marvin, un jeune Black qu'ils avaient épargné, il lui reproche de ne pas les avoir avertis de la présence du quatrième homme. Jules évoque l'intervention de la Providence divine ! L'éventualité d'un miracle. Rien de moins...

Dans la voiture, la conversation se poursuit. Vincent n'en croit pas ses oreilles. Il se retourne pour prendre à témoin Marvin, il a toujours le doigt sur la détente. Soudain, il appuie accidentellement, envoyant une volée de balles au jeune homme qui est déchiqueté. L'arrière de la voiture est rempli de sang et de morceaux de chair. Jules téléphone au seul copain qu'il ait dans cette partie de la ville. Jimmy accepte de les aider mais devient nettement moins compréhensif quand il constate le massacre.

Il craint surtout le retour de Bonnie, sa femme, infirmière de nuit, qui doit revenir dans une heure et demie. Jules appelle Marsellus, l'informe de la situation et lui explique que c'est totalement impossible qu'elle revienne du boulot pour trouver une bande de gangsters dans sa cuisine, en train de faire leurs saloperies de gangsters...

Pas de problème. Marsellus, à la grande délivrance de Jules, décide de mettre Mr Wolf sur le coup...

Winston Wolf, *le Nettoyeur*, est un criminel endurci qui a tout vu et sait gérer toutes les situations de crise. C'est aussi un charmeur et un beau parleur, aussi à l'aise dans un cocktail que dans un bar des bas-fonds. Après avoir établi un plan, il arrive sur les lieux, organise, synchronise les différentes étapes de l'*Opération Bonnie*, camoufle les marques de sang trop visibles de la voiture, fait se récurer les deux tueurs qu'il habille de ridicules T-shirts et shorts. Quand tout est clean : en route pour une casse où disparaîtra la Chevrolet indésirable et son cadavre. Mr Wolf est accueilli par la fille du propriétaire avec laquelle il a vraisemblablement une liaison. Il laisse donc aux deux tueurs le soin de se trouver un taxi en pleine cambrousse. En attendant, ils choisissent d'abord de prendre un petit déjeuner roboratif. Ils semblent vraiment en avoir besoin.

*Epilogue*

Devant des assiettes de nourriture, les deux pros parlent boutique. Jules évoque sérieusement la pos-

MIRAMAX FILMS présente

Une Production A BAND A PART
et JERSEY FILMS PRODUCTION
distribué en France par BAC FILMS

**Pulp Fiction**

PUMPKIN : Tim Roth
HONEY BUNNY : Amanda Plummer
VINCENT VEGA : John Travolta
JULES WINNFIELD : Samuel L. Jackson
MIA WALLACE : Uma Thurman
BUTCH COOLIDGE : Bruce Willis
THE WOLF : Harvey Keitel
MARSELLUS WALLACE : Ving Rhames
LANCE : Eric Stoltz
JODY : Rosanna Arquette
FABIENNE : Maria de Madeiros
CAPTAIN KOONS : Christopher Walken
WAITRESS : Laura Lovelace
COFFEE SHOP : Roberth Ruth
MARVIN : Phil LaMarr
ROGER : Burt Steers
BRETT : Frank Whaley
FOURTH MAN : Alexis Arquette
PAUL : Paul Calderon
TRUDI : Bronagh Gallagher
BUDDY HOLLY : Steve Buscemi
BUTCH'S MOTHER : Brenda Hillhouse
KLONDIKE : Sy Sher
ESMERALDA VILLALOBOS : Angela Jones
DEAD FLOYD WILSON : Carl Allen
WILSON'S TRAINER : Don Blakely
PEDESTRIAN / BONNIE : Venessia Valentino
GAWKER : Karen Maruyama
HERSELF : Kathy Griffin
MAYNARD : Duane Whittaker
ZED : Peter Greene
THE GIMP : Stephen Hibbert
JIMMIE : Quentin Tarantino
MONSTER JOE : Dick Miller
RAQUEL : Julia Sweeney
YOUNG BUTCH : Chandler Lindauer
MARILYN MONROE : Susan Griffiths
MAMIE VAN DOREN : Lorelei Leslie
JERRY LEWIS : Brad Parker

DEAN MARTIN : Josef Pilate
JAMES DEAN : Eric Clark
ED SULLIVAN : Jerome Patrick Hoban
RICKY NELSON : Gary Shorelle
PHILIPP MORRIS PAGE : Michael Gilden
SHOT WOMAN : Linda Kaye
LONG HAIR YUPPIE SCUM : Lawrence Bender
HOLD HANDS YOU LOVE BIRDS : EMIL SITKA
SPORTSCASTERS : Robert Ruth Rich Turner
Crew :
Casting by Ronnie Yeskel / Gary M. Zuckerbrod, Music Supervisors Karyn Rachtman / Kathy Nelson
Costume Designer : Betsy Heimann
Special Effects : Wesley Mattox Stephen DeLollis Pat Domenico
Special Make-Up Effects : Kurtzman, Nicotero and Berger EFX Group
Editor : Sally Menke
Director of Photography : Andrzej Sekula
Executive Producers : Danny DeVito Michael Shamberg Stacey Sher Bob Weinstein Harvey Weinstein Richard N. Gladstein
Producer : Lawrence Bender
Stories by Quentin Tarantino / Roger Avary
Written and Directed by : Quentin Tarantino
Songs : Misirlou (F. Wise / M. Leeds / S. K. Russell / N. Roubains), performed by Dick Dale & His Del-Tones ; Strawberry Letter 23 (S. Otis), The Brothers Johnson ; Bustin' Surfboards (G. Sanders / J. Sanders / N. Sanders / L. Delaney), The Tornadoes ; Son of a Preacher Man (J. Hurley / R. Wilkins), Dusty Springfield ; Lonesome Town (B. Knight), Ricky Nelson ; Rumble / Ace of Spades (F.L. Wray, Sr. : M. Cooper), Link Wray & His Raymen ; Coffee Shop Music / Jungle Boogie (Ronald Bell / C. Smith / G. Brown / R. Mickens / D. Boyce / R. Westfield / D. Thomas / Robert Bell), Kool & The Gang ; Let's Stay Together (A. Green / A. Jackson, Jr. / W. Mitchell), Al Green ; Bullwinkie Part II (D. Rose / E. Furrow), The Centurions ; Waitin'in School (J. Burnette / D. Burnette) – Gary Shorelle ; Since I First, Met You (H. B. Barnum), The Rodins ; Teenagers in Love (W. Rosenauer), Woody Thorne ; Girl You'll Be A Woman Soon (N. Diamond), Urge Overkill ; Flowers one the Wall (L. Dewitt), The Statler Brothers ; Comanche – The Revels ; You Never Can Tell, Chuck Berry ; If Love is a Red Dress (Hang Me In Rags), Maria McKee ; Out of Limits (M. Gordon), The Marketts ; Surf Rider (B. Bogle / N. Edwards / D. Wilson), The Lively Ones.

1994, 154 mins. (Morgan Creek / Warner)
(Palme d'or, Cannes, 1994)

sibilité de quitter le métier. Miracle ou pas miracle, il a été touché par la Grâce, et il ne peut revenir en arrière. Le spectateur se retrouve face à la séquence prégénérique quand le couple de braqueurs Pumkin et Honey Bunny ont décidé de piquer la caisse du restaurant et faire les portefeuilles des clients.

Jules refuse d'abord de dévoiler ce que contient l'attaché-case. Finalement, il le montre à Pumkin dont on découvre le regard étonné et illuminé. Jules en profite pour braquer son 45 sur le menton du gamin. Crise d'hystérie de Honey Bunny, Jules tente de la calmer en lui expliquant que lui et son mec, se menaçant mutuellement, tiennent parfaitement en main la situation. De plus, il leur explique qu'il a l'intention de commencer une nouvelle vie et donc de ne plus faire couler le sang. Pour les remercier, il leur fait cadeau de mille cinq cents dollars. De retour des toilettes, Vincent intervient : lui et Honey Bunny se braquent mutuellement. Situation bloquée, les deux jeunes truands s'emparent de l'argent de Jules et s'enfuient. Vincent se plaint que son café est devenu froid ; lui et Jules quittent l'établissement sous les regards affolés et médusés de la clientèle...

Cinéaste passablement conventionnel dont le nom reste associé à *A Place in The Sun* [1] et, surtout, au film qu'il effectua en couleurs, alors qu'il était à la tête d'une unité spéciale cinématographique, sur la campagne de la 6$^{e}$ Armée, en 1944-1945 qu'il suivit jusqu'à Berlin, Georges Stevens était jusqu'à

1. D'après le roman de Theodore Dreiser.

présent le spécialiste incontesté des scènes de petits déjeuners, généralement interminables, et ayant valeurs de brunch ; c'est dire que chez ce cinéaste académique, outre leur fonction de réunir famille et protagoniste dans un moment passablement anodin et exempt de toute confrontation, elles n'avaient d'autre intérêt que d'étaler un peu de la vaisselle et beaucoup de l'argenterie du studio et d'autre finalité, ce qui est généralement la norme d'un tel moment, que le remplissage. Ainsi en fut-il dans *Géant*, comme il en avait été, plus frugalement, dans *L'homme des vallées perdues* et en sera-t-il dans *La plus grande histoire jamais contée*, quand le cinéaste filma la Cène, aboutissement logique de son ambition, avec le même fâcheux ennui. Avec Tarantino, Stevens trouve son maître et reçoit quelques leçons de savoir-vivre et d'usages domestiques. Déjà, l'ouverture de *Reservoir Dogs* regroupant autour d'un petit déjeuner les gangsters avant qu'ils ne passent à l'attaque sans transition illustrait formidablement le goût de Quentin Tarantino pour l'ultra utilisation et le détournement d'une scène a priori banale pour la marquer de son empreinte et lui donner une toute autre signification que sa fonction première. Dans *Reservoir Dogs*, le cinéaste nous présente tous ses protagonistes, à l'exception de quelques Arlésiennes, dont l'absence est plus remarquable que la présence. Nous devinons vite à qui nous avons affaire, et non pas à une bande à part de dentistes en goguette éloignés du gros du troupeau assistant au séminaire de la profession. A la fin du repas, chacun des membres du gang sera non seulement identifié par une couleur le définissant pour le spectateur, mais personnalisé par son comportement, ses propos ou ses silences, ses blagues bonnes ou mauvaises, etc. L'action peut alors commencer, et nous nous retrouvons en plein drame, dans l'œil du cyclone et la débâcle.

Avec *Pulp Fiction*, le cinéaste va jusqu'au bout de son système : prendre un endroit banal où cependant il se passe toujours quelque chose (restaurant, bar, club, etc.), choisir un couple ordinaire que l'on croit d'abord discuter boulot ; ce qu'ils font, à la réserve que ce boulot n'a rien de banal : ces deux jeunes gens très amoureux sont des spécialistes de l'attaque à main armée se plaignant que l'attaque des boutiques de spiritueux devenant aléatoire, que celle des banques s'avérant trop dangereuse à leur modeste niveau (ils ne sont que deux, il faudrait au moins un chauffeur, en plus), ils devraient se choisir de nouvelles cibles. Aussitôt dit, aussitôt fait, les deux braquent la cafétéria non pas uniquement pour la caisse, mais aussi pour les portefeuilles.

Le tout se faisant normalement, calmement, logiquement, en douceur, très cool. De la même manière qu'un couple ayant échangé un premier baiser se retrouve en train de faire l'amour.

La scène prend son ampleur et sa sérénité même par le calme absolu (l'hystérie de la jeune femme fait partie de son rôle de braqueuse) qui y préside dans ses différentes étapes assurant le passage du total ordinaire au plus extravagant extraordinaire, sur le même tempo.

Bien sûr, s'il s'était agi de deux hommes, le résultat n'eut pas été le même, il fallait absolument que les deux amants possèdent la dimension d'*inséparables* pour que la scène tienne toutes ses potentialités. Elles vont encore être renforcées par la présence incongrue dans leur vêture de Vincent et de Jules, dont nous saurons qu'il s'agit non seulement de petits marrants mais surtout de redoutables tueurs, convoyant, de surcroît, l'attaché-case de leur patron omnipotent (quoique...) renfermant, telle la boîte de Pandora [1], un secret étonnant. Mais l'important demeure la mise en scène organisée autour du banal et du normal. Tarantino, comme tous les grands visionnaires du Septième Art, dont il est qu'on le veuille ou non le rejeton, le sait, et il l'a appris chez Lang, chez Hitchcock ou, encore, chez Minnelli ou Cukor, et beaucoup plus certainement chez Douglas Sirk et Hawks, que le cinéma est l'art de filmer les apparences pour les traverser et montrer le fond des choses, ce qu'il y a derrière le miroir. Peu importe que cette découverte d'une vérité cachée se fasse par l'allégorie d'une énigme dévoilée, d'un secret révélé, d'un trésor mis à jour, d'une *Maja desnuda*, d'un jeu de miroirs manière *Alice au Pays des Merveilles* ou façon Welles dans *La Dame de Shanghai* (Rita Hayworth reflétée à l'infini) et, encore, perspective Velasquez (la place du peintre dans *Les Ménines*) ou identification d'un criminel et dénonciation d'un pouvoir occulte, le cinéma est avant tout un mystère car il permet de toucher au Vrai en utilisant le faux, souvent en les liant inextricablement l'un à l'autre.

---

1. Hommage, bien sûr, à *Kiss me Deadly (En quatrième vitesse)* de Robert Aldrich d'après Mickey Spillane. L'un des chefs-d'œuvre du film policier américain, et authentique série B.

Pour l'instant, n'oublions pas que le jeune cinéaste, qui peut déjà se permettre de donner quelques leçons à ses pairs ou confrères plus expérimentés, n'en est qu'à ses gammes. Saluons sa modestie dans le choix de ses sujets tout comme félicitons-le pour ne revendiquer d'autres lignées que celles des films « commerciaux » dits de série Z ou B. Ne comptez pas sur lui pour jouer les amateurs de paradoxes et vous déclarer en pleine conférence de presse que les westerns serials de William Whitney sont meilleurs que ceux de Howard Hawks. A peine vous dira-t-il en souriant qu'il apprécie les westerns d'Harry Keller quand Burt Kennedy en écrivait les scénarios. Par contre, et il aura raison, il se répandra partout pour affirmer les mérites, non pas d'Ed Wood, mais ceux beaucoup plus sérieux de Monte Hellman, inconnu aux Etats-Unis, injustement oublié en France depuis que Pierre Rissient et Pierre Cottrell avaient révélé *The Shooting*, *Ride in the Whirlwind* et Jack Nicholson, en 1966, dont c'était alors le premier séjour totalement incognito car totalement inconnu à Cannes, plus à son aise avec la bande à Warhol au Petit Carlton, rue d'Antibes, qu'au Palace homonyme. Les choses ont quelque peu changé... Cinéaste de série dans *Pulp Fiction*, il prouvera qu'il l'est jusqu'au bout des ongles en nous donnant toutes les scènes qui peuvent être empruntées au canon du genre. En veux-tu ? En voilà ! Sans défaillir mais à la manière Tarantino, comme un bon cuisinier qui ne peut s'empêcher de réinventer les recettes, même et surtout les plus traditionnelles de la Mama (la Mama, il connaît ; il a déjà assez donné...).

Il y a bien sûr les deux tueurs relookés, corrigés et parfaitement décalés à la mode du jour (la mode, Tarantino, il connaît ; pour l'instant, c'est lui qui la fait !) dans le genre plus cool que moi tu meurs !

La conversation sur les qualités respectives des frites, des burgers européens est encore dans toutes les mémoires, sans parler du café et de l'herbe aux Pays-Bas. Les tueurs, c'est comme tout le monde : cela discute boutique, vacances, accidents de travail ou massage de pieds ; c'est selon. Après, ils font leur boulot. Plutôt bien... Même s'ils prouvent aussi que les accidents, ça n'arrive pas qu'aux autres. La preuve : on tient un revolver, et le coup part tout seul. C'est comme cela que l'on tue quelqu'un. Fatalitas !

Le plus singulier étant que ce genre de mésaventure somme toute banale n'arrive surtout et heureusement, qu'à des professionnels, truands, chasseurs. La police, elle, qualifie cela de bavure. Chacun ses mots.

Si l'on y regarde bien, il y a un côté *Barbouzes/Tontons flingueurs* chez Tarantino. A croire qu'il a vu des films d'Audiard...

De même, drame et comédie se télescopent volontiers, comme dans la vie, et non par goût du pastiche et de la parodie mais parce que la matière même de la vie est sa caractéristique d'être aussi une *Hénaurmité*. Jules récitant Ezéchiel avant de flinguer *ses* méchants incarne splendidement toutes les dualités dichotomiques.

Ce télescopage est particulièrement bien illustré d'une manière sonore par l'absence de transition, dans *Pulp Fiction*, comme il l'est dans *Reservoir*

*Dogs* également, des deux premiers morceaux, *Misirlou* de Dick Dale and His Del Tones et *Jungle Boogie* par Kool and the Gang.

Quentin Tarantino, pour qui la variété contemporaine est une passion et une culture, ne demandait pas mieux que d'aborder longuement le sujet :

*« C'est ce qu'on a l'habitude d'appeler, et ne me demandez pas pourquoi, de la musique de film de surf. J'adore ce type de musique parce qu'elle évoque pour moi une sorte de version rock des musiques westerns d'Ennio Morricone.* Pulp Fiction *représente pour moi la version rock'n roll du spaghetti western. Je voulais donc pour le générique une musique qui capterait l'intérêt du spectateur, qui le mettrait en état de réception.* Misirlou *étant un morceau très court, il fallait soit que je repousse à la fin le générique avec les noms d'acteurs, soit que je prolonge le morceau en le mettant en boucle. Ni l'une ni l'autre me convenant, j'ai tenté de trouver une troisième solution qui s'est imposée d'elle-même alors que j'écoutais* Jungle Boogie *de Kool and the Gang ; j'ai eu une sorte de révélation, j'ai pensé que non seulement ce film était influencé par le spaghetti western mais encore aussi par les films noirs violents tournés par des Blacks dans les Seventies (la Blackxploitation) dont* Shaft *(Les Nuits rouges de Harlem) ou* Shaft's Big Score *(Le Retour de Shaft) de Gordon Parks d'après Ernest Tidyman et* Cotton Comes to Harlem *(Le Casse de l'Oncle Tom) de Ossie Davis, d'après Chester Himes, sont de bons exemples populaires.*

*La séquence prégénérique et, bien sûr, le géné-*

*rique doivent immédiatement donner le ton du film, mettre le spectateur en état de vigilance et dans le bain. J'ai donc naturellement enchaîné les deux morceaux. Parfaitement cool, comme si on changeait de fréquence radio à la fin d'un disque pour enchaîner sur une autre. Je crois que la musique permet d'établir immédiatement un contact avec le spectateur. Pourquoi choisir des disques déjà existants ? Parce qu'il existe des milliers d'airs fabuleux et méconnus. Et je me méfie des compositeurs car si l'on me propose une musique que je n'aime pas, alors que j'ai passé une commande, qu'est-ce que je vais faire ? Je préfère piocher dans les disques que je connais, c'est moins risqué. Et puis cela donne une deuxième chance à des types doués...* »

Outre le jeu portant sur les apparences contradictoires, Quentin Tarantino se montre toujours très référentiel au genre. Dans ses films, une grande place est réservée à l'utilisation des clichés, des scènes que l'on attend car caractéristiques du genre, des morceaux de bravoure chéris par les aficionados :

« *Tout mon travail consiste à leur donner un nouveau souffle en tentant de les accorder à un tempo à vitesse réelle. C'est-à-dire en donnant l'impression au spectateur que l'action se déroule comme dans la vie en insistant sur les détails de la vie quotidienne sur lesquels buttent les personnages ou les grains de sable qui viennent gripper la machine. Alors que le cinéma évacue habituellement ce genre d'épiphénomène, les balaie pour faire plus propret. Ce sont toujours les petits obstacles qui menacent de tout faire échouer.*

*Il faut toujours surprendre le spectateur mais en partant de situations justifiées pouvant arriver à tout le monde. Bien sûr, le fait d'avoir des gangsters facilite beaucoup ce type de choses : ils peuvent malencontreusement appuyer sur la détente d'une arme, tel n'est pas le cas de tout un chacun ; et se retrouver avec en plus un cadavre encombrant sur les bras !*

*Ce qui me plaît c'est d'opérer un virage à 90°, que d'un seul coup, sans rien comprendre, le spectateur se retrouve dans un autre film. Cela arrive bien dans la vie, parfois. C'est ce qui arrive quand Butch et Marsellus, après avoir manqué de se faire sodomiser et tuer, après avoir massacré deux types, s'interrogent et se demandent comment ils en sont arrivés là ? Autre exemple, le personnage de Vincent qui se trouve toujours aux toilettes au mauvais moment. Ainsi pendant le hold-up de la cafétéria, pendant que Mia fait son overdose, quand Butch revient chercher sa montre. Le hasard, cela arrive tout le temps, et pas qu'aux autres...*

*Cette intrusion d'événements inattendus confère une plus grande crédibilité à mes histoires, humanise paradoxalement mes personnages, les rendant ainsi plus fragiles, plus proches des spectateurs tout en empêchant une possible indentification.*

*Les acteurs ont vu* Reservoir Dogs *et ont compris que c'était un film qui reposait entièrement sur la performance de ses acteurs. Ils ont compris que j'aimais les acteurs. La seule école que j'ai faite est une école d'art dramatique. Je comprends l'acteur, sa façon de travailler. Trop de réalisateurs n'ont pas la moindre idée de ce qu'il faut dire à un comédien, parfois ils ne savent même pas quoi en attendre. Le réalisateur est la seule personne qui parle aux acteurs sur un plateau. Il doit donc savoir ce qu'il veut. Vous pouvez toujours embaucher quelqu'un qui s'occupera de l'éclairage ou d'autres problèmes techniques, mais seul le réalisateur pour s'occuper des acteurs. Je crois aussi qu'il a été facile d'obtenir l'accord des acteurs de* Pulp Fiction *parce qu'ils ont compris ce que je voulais faire de leur image. Je leur ai expliqué que je n'avais pas l'intention de la détruire, mais que je n'hésiterai pas à la bousculer. Je ne suis pas pour le contre-emploi à tout prix. Howard Hawks a dit un jour que celui qui voulait faire un western sans John Wayne était un total abruti. C'est vrai que dès la première apparition de John Wayne dans* Rio Bravo, *on sait tout du passé du personnage, on sait qui il est : c'est John " Fucking " Wayne !*

*Dans* Pulp Fiction, *la démarche est toute différente. John Travolta et Bruce Willis ont certes un passé derrière eux que j'ai utilisé, même si, par exemple, la scène où Travolta danse avec Uma Thurman était écrite bien avant l'arrivée de l'acteur sur le projet. En fait, ce qui diffère le plus entre leurs personnages dans* Pulp Fiction *et leurs personnages précédents, ce sont les actes dictés par le scénario. John Travolta n'avait jamais buté personne de sang-froid auparavant dans un film, et Bruce Willis n'avait jamais montré un visage aussi intime. Je pense aux scènes avec Fabienne. Ils ont une relation de jeune couple amoureux qui ne se soucie de rien, qui place le spectateur dans une position de voyeur presque gênante. Je crois donc qu'on peut jouer le contre-emploi mais ne pas en faire l'élément principal de la performance de l'acteur.* »

La construction du récit, et l'histoire ou plutôt, les trois ou cinq histoires dont l'imbrication forme le maillage de la trame et de la mise en scène de *Pulp Fiction*, a autant d'importance que le rôle dévolu à chacun des acteurs. Comment est né le film ?

« *L'idée de* Pulp Fiction *date de l'époque où je bossais au vidéo-club avec Roger Avary : on voulait en faire des courts-métrages de 16 minutes. J'avais écrit la première histoire, et Roger la seconde, celle de Butch et Marsellus. Pour le traitement définitif de* Pulp Fiction, *avec la troisième histoire que j'aie écrite pour l'occasion, j'ai donc repris le récit de Roger Avary et je l'ai adapté à l'univers que je voulais créer. J'avais l'impression que Roger avait écrit un roman et que je l'adaptais à l'écran. J'ai surtout travaillé dans le sens de l'interactivité entre son récit et les miens. J'ai très peu touché à l'histoire. J'ai juste changé la nationalité de la petite copine de Butch – c'était une Américaine, j'en ai fait une Française – ainsi que deux ou trois autres détails de ce genre. Roger et moi avons développé le même sens artistique ensemble. Nous sommes nos premiers lecteurs de scénarios respectifs. Je vois ses films dans ma tête depuis toujours. Quand il m'a montré le premier montage de* Killing Zoe, *j'étais estomaqué, par la qualité du film, bien sûr, mais aussi par la dif-*

*férence de vision que nous avons. Depuis toujours, je voyais ses scripts à travers mes propres yeux. Et cela ne ressemblait en rien à sa vision à lui. C'était la première fois que je réalisais notre différence de point de vue. Elle est pourtant évidente. Regardez mes deux histoires, celle de Vega, et celle de Bunny et Pumpkin. Mon univers est ancré dans la réalité, l'humour découle de l'absurdité de la vie. Je projette mes personnages très typés dans le monde réel, avec des problèmes tout ce qu'il y a de plus authentiques. Dans la séquence intitulée* The Bunny Situation, *le coup de feu qui provoque l'intrigue est accidentel. Et aussi idiots soient-ils, les accidents arrivent. Le coup est donc parti tout seul, la voiture est maintenant pleine de sang : qu'est-ce que ces personnages vont faire avec ces problèmes bien réels ? La vie est pleine de ces petites merdes qui foutent tout en l'air. Et ce sont ces petites merdes qui me permettent de traiter le genre. Roger, lui, n'a rien à faire de la réalité. Il joue à fond la carte de l'absurdité et de la sauvagerie. Son credo est que chaque événement doit être plus fou que le précédent. C'est en voyant* Killing Zoe *que j'ai su comment aborder l'histoire qu'il avait écrite pour* Pulp Fiction. *J'ai compris qu'il fallait l'installer dans une réalité différente de la mienne. Tout en faisant bien attention de ne pas la faire trop sortir de mon propre univers. »*

La manière de travailler de Roger Avary est fort différente de celle de Tarantino. Le premier fictionne linéairement avec des explosions allant crescendo qui correspondent à des phases d'excitation consécutive à la prise de drogue jusqu'à l'explosion finale, le massacre dans *Killing Zoe*.

L'approche de Tarantino est bien plus complexe sur le plan de l'écriture. Il a parfaitement saisi ce qu'implique l'utilisation du flash-back par rapport au présent. Il ne peut y avoir de présent que si l'on filme en temps réel, sans coupure ni montage. Une continuité linéaire passive qu'enregistre non moins arbitrairement la caméra.

Raconter une ou plusieurs histoires n'a de sens que si l'on adopte le temps passé, ce qui permet d'en révéler différents aspects en destructurant le récit. Cette destructuration de la matière narrative le retient particulièrement :

« *J'avais deux histoires en tête, et pas vraiment envie de faire un film pour chacune d'elles. Au contraire, je voulais ajouter un autre segment et construire une sorte de tryptique où les histoires s'imbriqueraient les unes dans les autres. Une sorte d'anthologie, comme un recueil de nouvelles avec une interactivité entre les histoires. Le but était que les trois récits se fondent dans un scénario et que les personnages flottent d'un récit à l'autre. J'aurais pu faire trois films avec les trois histoires de* Pulp Fiction, *mais c'était un plaisir de jouer à fond sur la destructuration du récit. Je me sentais comme un romancier se permettant des tas de libertés avec ses protagonistes. Un écrivain peut très bien faire réapparaître des personnages qu'il a créés auparavant. Et dans des livres qui n'ont rien à voir avec les précédents. On le voit chez Balzac, Dumas ou John Buchan. Pour un scénariste, c'est plus difficile. D'abord, il existe un gros problème de droits. Par exemple, on ne peut réutiliser dans un film Warner des person-*

*nages créés pour un film Paramount. C'est pour cela que je me suis assuré la paternité intégrale de tous les personnages de* Pulp Fiction. *Non pas que j'aie forcément envie de faire un jour un* Pulp Fiction 2, *mais je veux pouvoir me resservir de mes personnages, explorer de nouveau les univers de Bunny et Pumpkin, ou partir avec Jules et Vincent. Je pourrais même songer à un film basé sur Mia. Ce serait génial de refaire un bout de route avec eux.* »

Ce qui permettrait sans doute à l'auteur d'approfondir encore un peu plus les univers respectifs de chacun, tout en introduisant davantage le mélange des genres. Une notion qu'il prise énormément :

« *Sans chercher la confusion, j'aime l'idée du mélange d'émotions, de la succession des sentiments. J'apprécie l'idée que le public puisse rire, et ensuite être effrayé, pour rire encore de nouveau. J'aime surtout l'idée qu'il puisse s'interroger sur ses réactions. En tant que spectateur, c'est ce qui me fascine, ce que je recherche. Je veux être pris par un film, emmené dans une direction et ensuite être complètement dérouté, retourné comme un gant. Je sais que je n'arrive pas à emmener certaines personnes là où je désirerais, et je n'y peux rien. Le travail de certains réalisateurs, objectivement très bon, ne m'attire pas du tout. Si ce travail est authentique, spécifique, quelle importance que je l'aime ou pas ? L'important, c'est qu'ils fassent ce qu'ils ont envie de faire. Quand on ose un film particulier, il ne faut pas avoir peur des réactions. Et même si cer-*

*tains n'aiment pas le film, cela n'en fait pas des imbéciles. Ce n'est pas leur truc, c'est tout. Il n'est écrit nulle part qu'un film doit être une œuvre universelle. Ni que l'on doive apprécier tous les films, ou aimer tous les styles de cinéastes.* »

## SÉQUENCE 3

# *Four Rooms* (Groom Service)

L'Hôtel *Mon Signor*, Sam, le vieux groom, prend sa retraite. Il évoque ses souvenirs avec son remplaçant, Ted, qui n'a pas encore l'expérience de la nuit du Vieux Cours-la-sonnette-de-nuit, comme on appelle Sam. Derniers conseils, très courts adieux. Première et dernière bise à Betty, elle aussi, pressée de s'en aller réveillonner en cette nuit de la Saint-Sylvestre. Ted, que cela ennuie de rester seul au poste, accepte cependant les cinquante dollars de la jeune femme qu'il ne dérangera qu'en cas d'urgence.

### *Brouet de sorcières*

Réalisé par Allison Anders, ce premier et assez divertissant sketch nous fait assister à une réunion de sorcières célébrant un sacrifice pour permettre le retour de l'une d'entre elles, enlevée dans une autre dimension. Pour leur rituel, elles devront avoir recours à la semence du jeune homme pour confectionner leur élixir.

*Les deux côtés de l'assiette*

Réalisé par Alexandre Rockwell, un couple convie Ted à assister à leur scène de ménage et à leur singulière vie de couple. Il se refuse à entrer dans leur jeu et parvient à garder ses distances.

*Saloperies de mômes*

Réalisé par Robert Rodriguez, auquel on doit déjà deux superbes films très violents, *El Mariachi* et *Desperado*. Ted se voit confier la garde de deux petits monstres qui mettent à sac la chambre et semblent, aux yeux des parents, avoir débauché les deux petits anges. En apothéose, la découverte d'un cadavre coincé dans le sommier.

*Le grand frisson*

Réalisé et interprété par Quentin Tarantino. A la suite d'un pari stupide, une star hollywoodienne est contrainte de se couper le petit doigt. Un gage inspiré des pratiques punitives des Yakuzas japonais. Rien ne se passera comme convenu...

Assez fraîchement accueilli, ce film à sketches nullement déshonorants, n'a pas laissé à la critique américaine un impérissable souvenir. Même s'il n'est responsable que d'un quart de cet en-cas, Tarantino plus que tout autre en essuya les plâtres à la sortie. Ce qui, vu l'ensemble, frise l'injustice.

Mais la mauvaise foi et la méchanceté chronique de la critique et des journalistes d'outre-Atlantique n'étonnera personne :

Le film n'a qu'un tort, venir après *Reservoir Dogs* et *Pulp Fiction* ; qui permet une fois de plus à d'aucuns de brûler ce qu'ils ont adoré, selon l'usage bien connu à Hollywood ou à Cannes.

Nullement désireux de réitérer semblable erreur en Europe, et plus spécialement en France, beau pays qui vit non seulement la découverte du *wonder boy* mais encore sa consécration à Cannes, Miramax décida donc de n'exploiter ce film qu'en K7 vidéo. L'amateur ravi ne boudera pas son plaisir à l'excellent sketch de Robert Rodriguez qui est le seul à tirer son épingle du jeu, haut la main ! Et l'on est content pour le metteur en scène d'*El Mariachi* et de *Desperado* qui avec *Une Nuit en enfer* avait déjà confirmé les espoirs qu'il inspirait aux amateurs de films sans prétention, et de cinéma pur.

Celui de notre auteur est anodin mais, comme les autres histoires, il permet à l'étonnant Tim Roth (Pumkin dans *Pulp Fiction*, Mr Orange dans *Reservoir Dogs*) de nous donner une autre idée de son talent. Parions qu'il sera d'ici peu l'une des grandes stars du cinéma hollywoodien. Sinon, il y aura vraiment quelque chose de pourri sur les plateaux et dans les bureaux du Septième Art.

## FOUR ROOMS *(Groom Service)*

**Miramax Films Presents 1995**
**A Band Apart**
**A film by**
**Allison Anders**
**Alexandre Rockwell**
**Robert Rodriguez**
**Quentin Tarantino**

| | | | |
|---|---|---|---|
| **Costume Designers** | Susan L Bertram<br>Mary Claire Hanna | **Music by** | Combustible Edison |
| **Music Produced by** | Mark Mothersbaugh | **Production Designer** | Gary Frutkoff |
| **Co-Producers** | Paul Hellerman<br>Heidi Vogel | **Executive Producers** | Alexandre Rockwell<br>Quentin Tarantino |
| **Produced by** | Lawrence Bender | | |

### *STRANGE BREW (Brouet de sorcières)*
### *Written and Directed by Allison Anders*

| | | | |
|---|---|---|---|
| **Jezebel** | Sammi Davis | **Diana** | Amanda de Cadenet |
| **Athena** | Valeria Golino | **Elspeth** | Madonna |
| **Eva** | Ione Skye | **Raven** | Lili Taylor |
| **Kiva** | Alicia Witt | | |
| **Director of Photography** | Rodrigo Garcia | **Editor** | Margie Goodspeed |

### *THE WRONG MAN (Les deux côtés de l'assiette)*
### *Written and Directed by Alexandre Rockwell*

| | | | |
|---|---|---|---|
| **Angela** | Jennifer Beals | **Sigfried** | David Proval |
| **Director of Photography** | Phil Parmet | **Editor** | Elena Maganini |

***THE MISBEHAVERS** (Saloperies de mômes)*
***Written and Directed by Robert Rodriguez***

| | | | |
|---|---|---|---|
| **Man** | Antonio Banderas | **Sarah** | Lana McKissack |
| **Corpse** | Patricia Vonne Rodriguez | **Wife** | Tamlyn Tomita |
| **Juancho** | Danny Verduzco | **TV Dancing Girl** | Salma Hayek |
| **Director of Photography** | **Guillermo Navarro** | **Editor** | Robert Rodriguez |

***THE MAN FROM HOLLYWOOD** (Le Grand frisson)*
***Written and Directed by Quentin Tarantino***

| | | | |
|---|---|---|---|
| **Angela** | Jennifer Beals | **Norman** | Paul Calderon |
| **Chester [Rush]** | Quentin Tarantino | | |
| **Leo** | Bruce Willis (uncredited) | **Director of Photography** | Andrzej Sekula |
| **Steadicam Oper.** | Bob Gorelick | **Editor** | Sally Menke |
| **Long Hair Yuppie Scum** | Lawrence Bender | **Betty** | Kathy Griffin |
| **Taxi Driver** | Paul Hellerman | **Baby Bellhop** | Quinn Thomas |
| **Sam the Bellhop** | Marc Lawrence | **Left Redhead** | Unruly Julie McClean |
| **Right Redhead** | Laura Rush | **Real Theadore** | Paul Skemp |
| **Margaret** | Marisa Tomei | **and Tim Roth as** | « Ted the Bellhop » |
| **Stunt Players** | Kane Hodder<br>Alan Marcus<br>Charles Belardinelli<br>Tom Bellissimo | **Production Manager** | Paul Hellerman |
| **1st Assistant Director The Wrong Man & the Man From Hollywood** | Fernado Altschul | **2nd Assistant Directors** | Brian Bettwy<br>Louis Shaw Milito |
| **Script Supervisor** | Jayne-Ann Tenggren | **Camera Operator 1st Assistant Camera** | Ziad Doueiri |

| | | | |
|---|---|---|---|
| **Production Sound Mixer** | Pawel Wdowezack | **Key Hair/ Make-Up Artist** ***The Misbehavers & The Man From Hollywood*** | Ermahn Ospina |
| **Hairstylist for Bruce Willis** | Pamela Priest | **Costume Supervisor** ***The Wrong Man & The Man From Hollywood*** | Jacqueline Aronson |
| **Art Director** | Mayne Schuyler Berke | **Set Director** | Sara Andrews |
| **Unit Still Photographer** | Claudette Barius | **Casting by** | Russell Gray |
| **Extras Casting by** | Rainbow Casting | **Special Mechanical Effects** | Belllisimo/ Bellardinelli |
| **Special Make-Up Effects by** | KNB EFX Groupe, Inc Effects, Inc | **Supervising Sound Editors** | Bruce Fortune MPSE Victor Iorillo MPS |
| **Re-Recording Mixers** | Wayne Heitman Tom Dahl | **Negative Cutter** | Theresa Repola Mohammed |
| **Music Consultants** | Karyn Rachtman Mary Ramos Kristen Becht | | |
| **Animated Tittles Created by** | Bob Kurtz | **Animation Produced by** | Kurtz and Friends |
| **Creative Consultant** | Chuck Jones | **Animators** | Pam Cooke-Weiner Shane Zalvin Gary Monney Dave Spafford |

# SÉQUENCE 4

## *Motherhood* (Maternité)

Susie, infirmière, a préféré que sa sœur Chloé, sur le point d'accoucher, reste chez elle jusqu'au grand jour. Celui-ci arrive enfin de bon matin, les deux sœurs se préparent, puis cèdent à l'affolement. Arriveront-elles à temps à l'hôpital ? Le bébé, une petite fille, vient, lui, à son heure avant la sage-femme et le médecin accoucheur occupés ailleurs. Tout irait pour le mieux dans le meilleur des mondes si les parents des deux sœurs n'étaient pas des monstres d'égoïsme, adultes immatures, à peine capables d'avoir élevé leurs deux filles. Finalement, ils renoncent à prendre chez eux la jeune mère et son enfant. Ce qui n'est vraiment pas plus mal que d'être élevé par une grand-mère qui se déguise encore en Lolita.

A l'hôpital, la vie et la mort suivent leurs cours sinueux. Les Urgences recueillent deux jeunes filles déchaînées, des chefs de gangs redoutables, et prêts à en découdre de nouveau dans la salle d'urgence, même ! Les étudiants en médecine ont tous le virus du métier qu'ils préparent. Chirurgien ou médecin ? Il est difficile de faire son choix.

L'important étant d'assumer une tâche difficile et de guérir.

*Producteurs : Michael Crichton, John Wells 1995*

| | |
|---|---|
| Prod. Ex : | Rjobert Nathan<br>Mimi Leder<br>Lidya Woodward |
| Prod. As. : | Paul Mannina<br>Christopher Chulock<br>Julie Carmen |
| Avec la participation de : | Abraham Benrubi & William Spence |
| Sc. : | Lydia Woodward |
| d'après une idée originale de : | Michael Crichton |
| Dir. de la photo : | Richard Thorpe |
| Mus. : | John Newton Howard, Marty Davich |
| Dir. Art. : | Peter Clemens |
| Cons. Méd. | Kandi Alexander, Lance Gentile |
| Cons. Spéc. | Christine Hornos, Michael J. Pendell |
| Réalisation : | Quentin Tarantino |
| *Distribution* : | *et* : |
| Anthony Edwards | CCN Pounder |
| George Clooney | Gloria Reuben |
| Sherry Stringfield | Beah Richards |
| Juliana Margulies | Kathleen Wilhoits |
| Eriq La Salle | Lisa Zane |
| Conni Marie Brazdton | Patrick Collins |
| Deezer D. | Mario Yué |
| Andrea Parker | Elisabeth Worment |
| Valérie Perrine | Ellen Crawford |

Cet épisode est tout simplement le résultat d'une conversation téléphonique de hasard entre Quentin Tarantino et Lidya Woodward et Mimi Leder. Ah, vous réalisez un épisode ? J'aimerais en faire un... Chiche, j'en parle à Mimi...

Tout est simple quand on a le vent en poupe dans le show-biz américain... Du travail de pro, c'est-à-dire mâché d'avance ; tout est prévu en préproduction : il n'y a plus qu'à dire *Action*. Et c'est dans la boîte.

Des trucs drôles : la fille qui veut accoucher en écoutant et chantant « Michelle, Ma Belle, Il y a des mots qui vont bien ensemble... ».

Des scouts, péteurs, cracheurs, vomisseurs ! Le décès de la mère de l'un des médecins évoqué avec pudeur et dignité : tentative de filmer l'absence, le vide. Le corps n'étant plus qu'une dépouille, une défroque. Deux infirmières en plan fixe, bronzant sur une terrasse et discutant vacances : les mots pour ne rien dire, des mots pour ne pas dire l'essentiel, qui devrait l'être. Manière de prendre son temps tout en pensant à Jean-Luc et à son cinéma.

Tout cela finit par former un ensemble cohérent, avec des bribes de vie qui passent, comme la nôtre. Tout cela ne va nulle part. Comme nous...

Maintenant que l'auteur a dit merci à sa manière à cette bonne vieille télé, le compte est bon. On peut passer à autre chose, sans honte ni regrets.

## SÉQUENCE 5

### *True Romance*

Dans un bar de Détroit, un jeune homme, Clarence Worley, fasciné par Elvis Presley, tente de draguer sa voisine de comptoir et lui propose finalement d'assister avec lui à la projection de trois films de kung-fu au cinéma le plus proche. La jeune femme ayant décliné l'invitation, il s'y rend seul. Il est totalement absorbé dans les aventures de Sonny Chiba quand une ravissante blonde s'installe à ses côtés et lui demande de lui expliquer où en est l'action. La séance terminée, Alabama, c'est son nom, offre à Clarence, dont c'est l'anniversaire, d'aller prendre un café. De fil en aiguille, il l'emmène à la boutique de BD, *Heroes For Sale*, où il travaille, puis chez lui.

Au matin, après une nuit torride, Clarence s'éveille auprès d'une Alabama en pleurs qui lui avoue être call-girl depuis trois jours et faire office de cadeau d'anniversaire de la part du propriétaire de *Heroes For Sale*. Qu'importe, ces deux-là sont amoureux et se marient dans la foulée.

Malheureusement, Clarence ne parvient pas à oublier que son Alabama a eu un mac, Drexl, et que celui-ci est toujours en vie. Sur les conseils d'un Elvis fantôme qui fait figure de mentor, il se rend chez Drexl et sous prétexte de récupérer les affaires d'Alabama déclenche une bagarre au cours de laquelle il tue le mac et s'enfuit avec une valise. De retour à l'hôtel, les amoureux constatent que la valise en question, loin de contenir les vêtements d'Alabama, est remplie de cocaïne. Clarence décide de contacter Dick, un ami d'enfance parti tenter sa chance à Hollywood, et de filer en Californie pour revendre la drogue.

Afin d'être certain que la police n'est pas sur leurs traces, il fait un arrêt chez son père, un ancien flic devenu agent de sécurité qui, grâce à ses ex-collègues, apprend que le meurtre de Drexl est considéré comme un règlement de compte entre la bande du mac et celle de Blue Lou Boyle, un truand avec lequel il trafiquait de la dope, dope qui a disparu.

Tandis que Clarence et Alabama gagnent Los Angeles, Vincenzo Cocotti, le bras droit de Boyle et ses sbires s'introduisent chez Worley père qu'ils torturent et exécutent sans pouvoir lui arracher l'adresse de son fils. Hélas, un détail fortuit les renseigne et Coccotti envoie ses hommes à la poursuite du jeune couple.

De son côté, à L. A., Elliott, un ami de Dick, a mis Clarence en contact avec Lee Donowitz, un producteur que l'achat de cocaïne intéresse. Rendez-vous est pris dans un hôtel.

Entre-temps, demeurée seule, Alabama a dû affronter l'un des hommes de main les plus redoutables de la bande Boyle-Coccotti et à l'issue d'une lutte acharnée a fini par le tuer.

La situation s'embrouille encore lorsque, à la suite d'une interpellation pour excès de vitesse, Elliot, mort de peur à l'idée de finir à l'ombre, lâche le morceau et raconte toute l'histoire aux flics.

La réunion avec Donowitz tourne ainsi à la catastrophe et au carnage lors de l'affrontement final entre les trois factions : la police prévenue par le micro d'Elliott et qui espère le flagrant délit, les gardes du corps du producteur et, last but not least, les tueurs de Coccotti.

Dans l'affolement et le massacre général, Alabama parvient à conserver la tête froide. Récupérant la valise contenant les billets promis par Donowitz, elle traîne son Clarence, blessé, jusqu'à la voiture, direction le Mexique. Et c'est sous le soleil de Cancoon, jouissant d'un bien-être et d'un repos mérité que nos deux tourteraux élèveront leur fils, Elvis.

*True Romance* est un film étrange mais étrangement cohérent. Deux visions du monde, deux univers mais qui cohabitent assez bien. D'un côté, au scénario un Tarantino fidèle à lui-même et à ses obsessions : violence extrême mais constamment « cassée » par l'humour, personnages typés, originaux : Drexl, le mac blanc qui se prend pour un Noir, Clarence et son délire sur Elvis son mentor, dont le fantôme lui apparaît régulièrement, toujours dans les toilettes d'ailleurs, comme souvent chez Tarantino « un endroit où on est seul et peinard », Alabama, l'apprentie call-girl au tempérament de midinette mais aussi, rappel de Connie peut-être, la fille qui sait faire face et la *dream-girlfriend* qui vous suit, vous soutient et partage vos goûts). Ce *road movie* hyperréférencié *(Badlands, Bonnie and Clyde)* culmine dans une apothéose sanglante mais tellement burlesque qu'il est difficile de ne pas en rire. D'un autre côté, le maniérisme de Tony Scott ralentit parfois l'action mais le metteur en scène ne se tire pas trop mal de cet exercice de style en forme de conte de fées moderne dont les héros n'ont pas grand-chose à voir avec des princes charmants et les héroïnes, peu de points communs avec les vierges effarouchées : l'amour et le bonheur triomphent, dusse la morale être plus que bousculée. La facilité avec laquelle Tarantino compose des dialogues brillants et des scènes-chocs s'avère une fois de plus remarquable. Il sera désormais difficile d'oublier la confrontation au sommet Dennis Hopper-Christopher Walken...

James G. Robinson présente
une Production Morgan Creek

## True Romance

Clarence Worley : Christian Slater
Alabama Whitman : Patricia Arquette
Clifford Worley : Dennis Hopper
Metor (Elvis) : Val Kilmer
Drexl Spivey : Gary Oldman
Floyd : Brad Pitt
Vincenzo Coccotti : Christopher Walken
Elliot Blitzer : Bronson Pinchot
Big Don : Samuel L. Jackson
Dick Ritchie : Michael Rappaport
Lee Donowitz : Saul Rubinek
Mary Louise Ravencroft : Conchata Ferrell
Virgil : James Gandolfini
Lucy : Anna Thomson
Nicky Dimes : Chris Penn
Cody Nicholson : Tom Sizemore
Crew :
Casting by : Risa Bramon Garcia / Billy Hopkins
Music Supervisor : Maureen Crowe
Costume Designer : Susan Becker
Special Effects : Robert Henderson / Larry Shorts
Prosthetic Make-Up Effects : Frank Carrisosa
Editors : Michael Tronick / Christian Wagner
Director of Photography : Jeffrey L. Kimball
Executive Producers : James G. Robinson, Gary Barber, Bob Weinstein, Harvey Weinstein, Stanley Margolis
Co-Producers : Don Edmonds / James W. Skotchdopole
Producers : Bill Unger, Steve Perry, Samuel Hadida
Written by : Quentin Tarantino
Directed by :Tony Scott
Music : Hans Zimmer
Additional Music : Mark Mancina / John Van Tongeren
Songs : Graceland (Tonio K. / C. Sexton), performed by Charlie Sexton; In Dreams (J. Waite / M. Spiro), John Waite; Wounded Bird (E. Chacon / C. Pettigrew / J. Deutsch), Charles & Eddie; White Wedding, Billy Idol; Skinny [They Can't Get Enough] (R. Bush), The Skinny Boys; Heartbreak Hotel (M. Axton / T. Durden / E. Presley), Val Kilmer; I Want Your Body (J. Ewbank / M. Vander Kuy), Nymphomania; A Little Bitty Tear (H. Cochran), Burl Ives; I Need a Heart to Come Home to (R. Smith / J. Jarvis), Shelby Lynne; Chantilly Lace (J. P. Richardson), The Big Bopper; The Other Side (S. Tyler / J. Vallance), Aerosmith; Raga Yaman, Clem Alfor; (Love is) The Tender Trap (S. Cahn / J. Van Heusen), Robert Palmer; Outshined (C. Cornell), Soundgarden; All the Way (S. Cahn / J. Van Heusen) / Learnin' the Blues (V. Silvers), Jerry Delmonico; Two Hearts, Chris Isaak.

1993, 116 mins (Morgan Creek/Warner)

## SÉQUENCE 6

## *From Dusk till Dawn (Une nuit en enfer)*

Le Ranger texan Earl McGraw fait sa tournée quotidienne dans le Comté de Big Spring, à quelques 522 kilomètres de la frontière mexicaine. Comme d'habitude, il fait chaud, il a soif et fait halte devant le magasin Benny's, véritable havre dans ce désert surchauffé. Avec des gestes quasi caricaturaux, il sort de sa voiture, rentre dans la boutique où quelques clients musardent sous l'œil indifférent du caissier, Pete. Les deux hommes échangent les mêmes banalités quotidiennes McGraw, selon un rituel que l'on devine immuable, se sert une bière au distributeur, achète une bouteille de Jack Daniel's et va aux toilettes, après avoir évoqué un hold-up sanglant survenu à Abilène, neuf morts, une femme prise en otage.

Pendant son absence, deux hommes vêtus de noir se manifestent auprès de Pete, le menacent tout en lui reprochant sa conversation totalement insignifiante avec le Ranger. Ce sont les frères Gecko, Seth et Richard, qui ont cassé la banque. Quand le policier ressort des toilettes, une nouvelle et banale conversation est mal interprétée par les deux gangsters. Richard ouvre le feu sur le flic et l'abat, puis sur Pete ; ce dernier finira brûlé vif dans l'incendie déclenché par les deux hommes qui s'enfuient dans leur Plymouth, tandis que commence le GÉNÉRIQUE.

Dans un snack pour routier, la famille Fuller prend son déjeuner tardif, après une longue route. Le Pasteur Fuller voyage en mobile home accompagné de sa fille Kate, une toute jeune beauté, de Scott son fils adoptif, plus jeune. A leur propos, on comprend que le Pasteur a perdu la foi, après le décès de sa femme. Fatigué, Fuller veut se reposer et dormir dans un vrai lit. Ils coucheront donc dans un motel où sont déjà installés les frères Gecko et leur otage.

Par la radio, on apprend l'itinéraire meurtrier des deux criminels qui ont déjà quinze meurtres à leur actif. Les deux hommes désormais recherchés par la police fédérale n'ont d'autre choix que de passer la frontière. Ils le feront en prenant en otage la famille Fuller.

C'est ainsi qu'ils se retrouveront, de l'autre côté, dans un bordel mexicain d'enfer le *Titty Twister* dont le slogan est *De la chatte, de la chatte... On a les meilleures chattes de la planète !*

Ce qui est promis à la clientèle dépasse l'entendement. On y trouve de tout, de la pute à la danseuse salope, en passant par le combat de coqs, celui à mains nues ou le mortel avec Satanico Pandemonium... De quoi faire en attendant leur rendez-vous avec Carlos pour les deux frères qui passent un pacte de non-agression avec leurs victimes.

Tous décident de passer la nuit au Titty Twister qui fait aussi bar, restaurant ou dancing. Et ce sera au sens propre comme au sens figuré, une véritable nuit en enfer avec le déchaînement d'un authentique pandémonium : vampires, loups-garous, diables, démons et autres créatures qui se matérialiseront et auxquels les Américains unis pour le pire tenteront de survivre en résistant.

Seuls Kate et Seth y parviendront et partiront, ensemble, amoureux l'un de l'autre, vers une vie meilleure.

En 1990, Bob Kurzman, un spécialiste des effets spéciaux, qui a écrit l'histoire de deux braqueurs de banques en fuite, qui se retrouvent au Mexique, dans un bar tenu par des vampires, donne à Tarantino mille cinq cents dollars, une somme pour le jeune homme, afin qu'il scénarise son sujet.

Cinq ans plus tard, Robert Rodriguez, un as du film fauché, (sa première version d'*El Mariachi* coûte un peu moins de 7 000 dollars, son remake lui coûtera 5 millions de dollars !), le réalise.

Après avoir tourné *Desperado*, remake d'*El Mariachi*, et *Road Racers* pour une série télévisée, il met enfin en images ce scénario démentiel qui pratique agréablement le mélange en jetant une sacrée passerelle entre polar, fantastique et terreur.

Nous ne nous attarderons pas sur ce film très sympathique et fort bien réalisé, nous nous bornerons à relever qu'il est tarantinesque dans le fond comme dans la forme. Avec, surtout, des scènes portant totalement sa marque : la séquence prégénérique, placée sous le signe du couple délinquant en train de commettre un casse comme on le retrouve dans *Pulp Fiction* ou *True Romance* avec un naturel aussi invraisemblable que totalement cool.

**FROM DUSK TILL DAW**
**produced 1995**
**US release 19 January 1996**
**UK release July 1996**

**Dimension Films presents**
**A Band Apart**
**in association with Los Hooligans Productions**
**A Robert Rodriguez Film**

| | | | |
|---|---|---|---|
| **Directed by** | Robert Rodriguez | **Produced by** | Gianni Nunnan<br>Meir Teper |
| **Screenplay by** | Quentin Tarantino | | |
| **Based on an original story by** | Robert Kurtzman | **Executive Producers** | Lawrence Bender<br>Robert Rodriguez<br>Quentin Tarantino |
| **Co-producers** | Elizabeth Avellan<br>Paul Hellerman<br>Robert Kurtzman<br>John Esposito | **Director of Photography** | Guillermo Navarro |
| **Editor** | Robert Rodriguez | **Production Designer** | Cecilia Montiel |
| **Art Director** | Marie Schuyler Burke | **Costume Designer** | Graciela Mazon |
| **Music by** | Graeme Revell | **Special Make-up Effects by** | Kurtzman, Nicotero & Berger EFX Group, Inc |
| **Casting by** | Johanna Ray, CSA &<br>Elaine J Huzzar | | |

**CAST**

| | | | |
|---|---|---|---|
| **Jacob Fuller** | Harvey Keitel | **Seth Gecko** | George Clooney |
| **Richard Gecko** | Quentin Tarantino | **Kate Fuller** | Juliette Lewis |
| **Border Guard** | | | |
| **Chef Pussy/Carlos** | Cheech Marin | **Frost** | Fred Williamson |
| **Santanico Pandemonium** | Salma Hayek | **Old Timer** | Marc Lawrence |
| **Texas Ranger Earl McGraw** | Michael Parks | **Newscaster Kelly Houge** | Kelly Preston |
| **Sex Machine** | Tom Savini | **FBI Agent Stanley Chase** | John Saxon |
| **Razor Charlie** | Danny Trejo | **Scott Fuller** | Ernest Liu |
| **Pete Bottoms** | John Hawkes | **Red-Headed Hostage** | Heidi McNeal |

| | | | |
|---|---|---|---|
| **Blonde Hostage** | Aimée Graham | **Hostage Gloria** | Brenda Hillhouse |
| **Titty Twister Guitarist & Vocalist** | Tito Larriva | **Titty Twister Saxophonist** | Pete Atsanoff |
| **Titty Twister Drummer** | Johnny « Vatos » Hernandez | **Moutch Bitch Victim Danny** | Gino Crognale<br>Cristos |
| **Santanico Victim** | Greg Nicotero | **Big Emilio** | Ernest Garcia |
| **Manny** | Mike Moroff | | |
| **Danny the Wonder Pony** | Danny the Wonder Pony | **Bar Dancers** | Michelle Beruba |
| **Monsters** | Jon Fidele<br>Michael McKay<br>Jake McKinnon<br>Josh Patton<br>Walter Phelan<br>Wayne Toth<br>Henrik Von Ryzin | | Neena Bidasha<br>Veena Bidasha<br>Ungela Brockman<br>Madison Clark<br>Maria Diaz<br>Rosalia Hayakawa<br>Janine Jordae |
| **Bar dancers (continued)** | Jaque Lawson<br>Houston Leigh<br>Janine Liszewski<br>Tia Texada | | |
| **Production Co-ordinator** | Dawn Todd | **Assistant Production Co-ordinateur** | Cathy Agcayab |
| **Production Manager** | Paul Hellerman | **Unit Production Manager** | Luz Maria Rojas |
| **Location Manager** | Robert E Craft | **Post Production Supervisor** | Tamara Smith |
| **1st Assistant Director** | Douglas Aarniokski | **2nd Assistant Director** | Brian Bettwy |
| **2nd 2nd Assistant Director** | Dieter « Dietman » Busch | Script Supervisor | Lou Ann Quast |
| Camera Operators | Robert Rodriguez<br>Guillermo Navarro | **Steadicam Operator** | Robert Rodriguez |
| **Additional Steadicam Operator** | Dave Chaneides | **Visual Effects Supervisors** | **Daniel A Fort**<br>**Diana Dru Botsford** |
| **Visual Effects Director** | Diana Dru Botsford | **Visual Effects Producer** | Karen Skouras |
| **Visual Effects Animators** | Geneviève Yee<br>Julie Glazer<br>Gina Warr | **Titty Twister Sign Design** | Jerry Martinez |
| **Set Designer** | Colin de Rouen | **Set Decorator** | Felipe Fernandez del Paso |
| **Costume Supervisor** | Jacqueline Aronson | **Key Hair/Make-up Artist** | Ermahn Ospina |

| | | | |
|---|---|---|---|
| **Tattoo Artist** | Gil Montie | **Music Orchestrator/ Conductor** | Tim Simones |
| **Music Consultants** | Mary Ramos<br>Chuck Kelley | **Music Editor** | Joshua Wingett |
| **Stunt Co-ordinator** | Steve Davison | | |
| **Stunt Players** | William Atwell | Robin Bonaccorsi | Robert F Brown |
| | Troy T Brown | Michele Burkett | William H Burton |
| | Jennifer J Caputo | Samuel D'Auria | Steve Davison |
| | Tim Davison | Ricardo Gaona | Lance Gilbert |
| | Troy Gilbert | Nadine Grycan | Randall J Hall |
| | Tom Harper | Anita Hartshorn | Ace Hatem |
| | Dana Hee | Freddie Hice | Steve Holladay |
| | Buddy Joe Hooker | Billy H Hooker | Thomas Huff |
| | Jeffrey Imada | Henry Kingi | Matt Johnston |
| | Billy (William) Lucas | Gary McLarty | Bennie Moore Jr |
| | Greg Nicotero | Hugh Aodh O'Brien | Marina A Oviedo |
| | Manny Perry | Chad Randall | Troy Robinson |
| | Danny Rogers | Erik L Rondell | Timothy P Trella |
| | Frank Torres | Scott Wilder | Spice Williams |
| **Supervising Sound Editor** | Dean Beville | **Re-recording Mixers** | Sergio Royes<br>Tennyson Sebastian III<br>Robert Rodriguez<br>Thomas P Gerard |
| **Animal Trainers** | Reptile Rentals | | |

Special Thanks to the Cities of Barstow and Lancaster and Scott Spiegel.



La présence d'un pasteur ayant perdu la foi, l'incongruité totale du bordel, même mexicain, l'outrance des comportements, le traitement de la violence soit à travers le polar, soit par rapport au fantastique et à l'épouvante, la constante surenchère verbale et physique, le goût prononcé de l'auteur pour le *happy end* résolument amoral, son penchant (celui de ses personnages) pour la violence gratuite, s'inscrivent dans une perspective résolument incorrecte et hors des normes en vigueur. Manière de préparation à un cinéma ; peut-être totalement enfin libre.

Signalons dans la mouvance de *Une Nuit en Enfer* l'une des dernières productions de A Band Apart, *Sang-Froid*, un film hilarant où le réalisateur Reb Braddock met en scène les déboires d'une femme de ménage (Angela Jones, l'Esmeralda Villalobos de *Pulp Fiction*) qui travaille pour la Société de Nettoyage Judiciaire, spécialisée dans la remise à neuf des lieux de crime. Sa curiosité l'amènera, à la plus grande joie du spectateur, à une confrontation burlesque avec un *serial killer* (William Baldwin).

# SÉQUENCE 7

## *Natural Born Killers*

C'est l'errance et les mésaventures du couple Mickey et Mallory Knox, deux sérial killers qui vont terroriser les Etats-Unis avant de devenir, grâce à Wayne Gale, un journaliste spécialisé dans le crime et le scandale, et à l'émission de télévision *American Maniacs* des stars du petit écran. Ils vont dépasser les traumatismes de leur enfance après une évasion très télégénique au cours de laquelle ils finiront par se débarrasser de Gale, leur complice.

Difficile de reconnaître dans ce fatras de psychanalyse bas de gamme (l'enfance des héros), de violence parfaitement gratuite, filmée sans aucune distance, de racolage putassier et de clichés éculés la patte de Tarantino. Lequel avait souhaité faire disparaître son nom du générique de ce qu'il considère comme un script trafiqué et complètement dénaturé (des producteurs avisés en ont décidé, affaires obligent, autrement ; le film est donc crédité « basé sur une histoire de Quentin Tarantino » *In gold we trust*...). Saluons ici Michael Madsen et Steve Buscemi qui, entre autres amis de Tarantino,

WARNER BROS présente
avec Regency Entreprises et Alcor Films

**Natural Born Killers**
MICKEY KNOX : Woody Harrelson
MALLORY KNOX : Juliette Lewis
WAYNE GALE : Roger Downey, Jnr.
DWIGHT MCCLUSKEY : Tommy Lee Jones
MABEL : O-Lan Jones
PINBALL COWBOY : Ed White
SONNY : Richard Limeback
EARL : Lanny Flaherty
SHORT-ORDER COOK : Carol-Renee Modrall
MALLORY'S DAD : Rodney Dangerfield
MALLORY'S MOM : Edie McClurg
KEVIN : Sean Stone
WORK BOSSES : Jerry Gardner, Jack Caffrey Leon, Skyhorse Thomas
TV MALLORY : Corey Everson
DALE WRIGLEY : Dale Dye
GERALD NASH : Eddie « Doogie » Connor
DAVID : Evan Handler
ROGER : Kirk Baltz
JULIE : Terrylene
DEBORAH : Maria Pitillo
SOUNDMAN : Josh Richman
KIDS : Matthew Faber, Jamie Herrold, Jake Beecham
JAPANESE KIDS : Saemi Nakamura, Seiko Yoshida
LONDON BOY : Jared Harris
LONDON GIRL : Katherine McQueen
FRENCH BOYS : Salvator Xuereb, Emanuel Xuereb
FRENCH GIRL : Natalie Karp
YOUNG GIRL : Jessie Rutkowski
MICKEY'S MOM : Sally Jackson
MICKEY'SDAD : Phil Neilson
YOUNG MICKEY : Brian Barker
EMILY : Corinna Laszlo

GAS STATION ATTENDANT : Baltharzar Getty
JACK SCAGNETTI : Tom Sizemore
COWBOY SHÉRIFF : Red West
INDIAN COP : Gerry Runnels
YOUNG INDIAN BOY : Jeremian Bitsul
OLD INDIAN : Russell Means
PINKY : Lorraine Ferris
DRUGGIST : Glen Chin
JAPANESE REPORTER : Saemi Nakamura
KAVANAUGH : Puritt Taylor Vince
WURLITZER : Everett Quinton
DR. EMIL RHEINGOLD : Steven Wright
WGN NEWSCASTER : Robert Jordan
Crew :
Casting by Risa Bramon Garcia / Billy Hopkins / Heidi Levitt
Casting Southwest : Sally Jackson
Casting Chicago : Jane Alderman
Music Producer : Trent Reznor
Costume Designer : Richard Hornung
Special Effects : Bob Stoker Larry L. Fuentes Steve Luport Frank L. Pope Jim Schwaim Lucinda Strub
Visual Effects :
Supervisor : Rebecca Marie
Producer : Daniel Chuba
Animation : Colossal Pictures Animators / Wendy Rogers / Cathy Wagner
Special Make-Up Effects Matthew W. Mungle / Gordon J. Smith
Stunt Co-ordinator : Phil Neilson
Editors : Hank Corwin / Brian Berdan
Director of Photography : Robert Richardson
Executive Producers : Arnon Mllchan Thom Mount
Co-Producer : Rand Vossler
Producers : Jane Hamser / Don Murphy/Clayton Townsend

Story by : Quentin Tarantino
Written by : David Veloz / Richard Rotowski / Oliver Stone
Directed by : Oliver Stone

Songs / Music Extracts : Waiting for the Miracle (L. Cohen / S. Robinson) / Anthem / The Future, written and performed by Leonard Cohen ; Now, Chris McGregor ; The Way I Walk (J. Scott), Robert Gordon ; Noah Hutton Bug Spray – Otis Conner ; Shitlist (D. Sparks), L7 ; Control Room / Snakefield / Love to Hank / Shower / Wild Drone / Mallory Cello, tomandandy ; Moon Over Greene County – Dan Zanes ; La Vie en rose (M. David / E. Piaf / Louiguy), Victor Young and his Singing Strings ; Black Straitjacket – Elmer Bernstein ; Leader of the Pack (G. Morton / J. Barry/E. Greenwich) – The Shangri-Las ; The Trembler (D. Eddy/R. Shankar) / Rebel-Rouser / Shazam ! (D. Eddy/L. Haziewood), Duane Eddy ; Rock & Roll Nigger (P. Smith/L. Kaye), The Patti Smith Group ; Me and Her Outside – Steven Jesse Bernstein ; Sweet Jane (L. Reed) / If You Were the Woman and I Was the Man (M.Timmins), The Cowboy Junkies ; Wild Plate Rubs – Scott Grusin ; You Belong To Me (Pee Wee King/R. Stewart/C. Price), Bob Dylan ; Cartoonicide / B. Swell, Richard Gibbs ; Kipenda Roho (R. Ongala), Remmy, Ongala & Orchestre Super Matimila ; Back in Baby's Arms (B. Montgomery), Patsy Cline ; Taboo, Peter Gabriel/Nusrat Fateh/All Khan ; Ted Just Admit it, Jane's Addiction ; I Put a Spell on You (J. Hawkins) / Judgement Day / Vena Cava (D. Galas) / The Lord is My Shepherd (David), Diamanda Galas ; History (Repeats itself) (T. Wilbrandt/K. Buhiert/F. Lovsky), A.O.S. ; Sometihing I Can Never Have / A Warm Place (T. Reznor), Nine Inch Nails ; I Will Take You Home, Russell Means ; Drums-a-go-go (P. Buff), The Hollywood Persuaders ; On the Wrong Side of Relaxation / Under Wraps / Checkpoint Charlie / The Violation of

Expectation, Barry Adamson ; The Heat / In Doubt, Peter Gabriel ; Read My Lips (B. Lewis), Brent Lewis and Richard Hardy ; Earth, Peter Cater / R. Carlos Nakai ; These Boots Were Made For Walking (L. Hazlewood) / Born Bad (C. Cobb), Juliette Lewis ; The Day the Niggaz Took Over (Dr. Dre/Snoop/Daz/Toni C./RBX), Dr. Dre ; Ghost Town (J.Dammers), The Specials ; The Hay Wain, Sergio Cervetti ; The in Crowd (B.Page), The Ramsey Lewis Trio ; Doom Tac A Doom, Brent Lewis ; Spread Eagle Beagle (R. Osbourne), Melvins ; Cyclops, Marilyn Manson ; Forkboy (J. Biafra/P. Barker/A. Jourgensen/J. Ward/B. Rieflin), Lard ; Bombtrack / Take the Power Back (Z. de la Rocha / Rage Against the Machine), Rage Against the Machine ; Fun (M. Elliot/M. Orleans/A. Noar/C. Negrete), Spore ; Allah, Mohammed, Char, Yaar (N. F. A. Khan), Nusrat Fateh All Khan Qawwal and Party ; Nusrat 1083/Nusrat, Nusrat Fateh All Khan ; Overlay (D. Bridie/J. Phillips/R. McKinnon/R. Bradley/J. Southall/T. Cole), Not Drowning, Waving ; Sobama Moon (L. Eto), Kodo ; Wozzeck (A. Berg), The Paris National Opera Orchestra and Chorus, Pierre Boulez, Walter Berry, Isabel Strauss ; Madame Butterfly (G Puccini), The Sofia National Opera Chorus and Orchestra ; Carmina Burana (C. Orff), The Prague Festival Orchestra and Chorus ; A Night on the Bare Mountain (M. Mussorgsky), The Budapest Philharmonic Orchestra, J. Sandor.

1994, 119 mins. (Ixtian/New Regency/Warner)

eurent le bon goût de décliner l'offre de participer à cette entreprise de saccage en gros, ainsi qu'Uma Thurman qui fit obstruction à sa nomination pour le Lion d'Or vénitien.

Signalons également aux intrépides spectateurs qui tenteraient de le visionner que le prix du ticket de ciné devrait inclure celui du tube d'aspirine nécessaire pour vous remettre les idées en place à l'issue de la projection de ce pensum grand-guignolesque, le traitement « chic et choc » des images ayant nettement tendance à vous donner l'impression d'avoir passé deux heures les yeux dans les yeux avec un stroboscope.

## SÉQUENCE 8

## *Limelight 2*

La gloire cannoise passée, sa société de production, A Band Apart, installée avec son corollaire, Mighty Mighty Aphrodite, clin d'œil au film de Woody Allen qui révéla la pulpeuse Mira Sorvino, nouvelle dulcinée du *wonder boy*, quid de Tarantino depuis *Pulp* ? Quelques caméos dans les films des potes (*Sleep with, All-American girl, Destiny Turns on the radio, Somebody to love...*), un film à sketch, *Four Rooms*, un épisode d'*Urgences*, c'est peu. Et déjà les vautours se profilent à l'horizon... Fini Tarantino ! Un feu de paille. Ouf ! Il était trop tôt pour l'enterrer, le petit prodige revient en force avec un nouvel opus qui va clore définitivement le bec à ceux qui pensaient qu'il n'était l'homme que de deux films, le superbe *Jackie Brown*.

**ELMORE LEONARD**
*Le Hollandais violent*

Auteur du roman *Rum Punch* (*Punch créole*, Éditions Rivages, collection Thriller, Paris, 1994) dont Quentin Tarantino tirera le scénario de *Jackie*

### *ELMORE LEONARD SPEAKING*

*Le rôle des femmes :*

« J'ai mis très longtemps à m'intéresser aux personnages féminins et à leur accorder la place qu'elles méritent. Je n'arrivais pas à en faire des portraits réalistes correspondant à leur nature et à leur psychologie. Je ne les reléguais pas à des rôles subalternes parce qu'elles étaient des femmes, mais parce que les récits, que je faisais alors, étaient des histoires d'hommes... Mais trente ans de métier et, surtout, l'expérience de mon second mariage, m'ont rendu enfin capable de les faire exister correctement et non pas comme des pièces rapportées jouant les utilités.

Depuis *Gold Coast* (*Gold Coast*, Presses de la Cité), elles peuvent avoir désormais le premier rôle. En fait, depuis *The Switch* [1], où l'on retrouve les principaux personnages de *Jackie Brown* [2], dont c'est le premier volet, elles ont un rôle central sinon moteur. Rôle encore plus déterminant dans la suite, écrite en 1992, et qu'accentue encore Tarantino dans son adaptation... Enfin, l'actrice Pam Grier tire vraiment la couverture à elle face à ces monstres sacrés que sont De Niro et Jackson. Excellent directeur d'acteurs, Tarantino donne une réalité et une épaisseur incroyables au moindre rôle. Il est encore plus à son aise avec les femmes, il les dirige comme s'il savait tout d'elles. C'est magistral, une direction d'actrices faisant penser à Cukor ou Leitsen, à la belle époque de la comédie hollywoodienne. Mais il offre des portraits extrêmement diversifiés de la femme moderne, obligée de se battre pour survivre, souvent seule, dans un monde brutal, un monde d'hommes. Elles doivent donc se montrer encore plus dures et rusées pour résister à la supériorité physique des hommes. Elles y arrivent parce qu'elles sont souvent plus déterminées et intelligentes que les hommes. Ce qui n'empêche nullement l'amour, bien sûr. C'est ce que montrent aussi bien mon roman que le fil qu'en a tiré Tarantino... »

---

1. Collection Super Noire, Gallimard : *La Joyeuse Kidnappée.*
2. Editions Rivages, sous le titre original de *Punch Créole.*( Traduction : Michel Lebrun.)

Brown, Elmore Leonard, également producteur associé du film, n'est nullement une étoile montante de la jeune génération du polar américain. Bien au contraire, c'est un cheval de retour du roman policier : en 1969, son premier polar, *The Big Bounce*, toujours inédit en France, est porté à l'écran par Alex March, sous le même titre (en France : *Une si belle garce*), dans le cadre d'une production Warner Bros-Seven Arts Inc., avec Ryan O'Neal et Van Heflin pour principales têtes d'affiche.

Mais ce n'était pas sa première adaptation à l'écran. En effet, Elmore Leonard, *Dutch* (*Le Hollandais*) pour ses proches, en raison de ses origines, a commencé sa carrière d'écrivain par des westerns, dont le premier roman *The Bounty Hunters* attira l'attention, en 1956, sur son œuvre jusque-là composée de nouvelles. L'année suivante, Budd Boetticher, que l'on peut tenir pour le Maître du Western de série B, adaptait la nouvelle *The Captives*, publiée en 1955 dans la revue *Argosy*, sous le titre de *The Tall T* (*L'Homme de l'Arizona*) avec Randolph Scott, Richard Boone, et des seconds rôles aussi réputés qu'Henry Silva ou Skip Homeier, la trogne d'Arthur Hunnicutt et la classe de Maureen O'Sullivan, prisonnière du désert et des Indiens. Un incontestable petit chef-d'œuvre issu de la féconde collaboration du cinéaste Budd Boetticher avec son producteur-vedette, le très frugal Randolph Scott associé du non moins économe Harry Joe Brown. Sous de tels auspices, la carrière de Leonard s'annonçait bien. D'autant plus que la même année, Delmer Daves portait à l'écran une autre nouvelle, écrite en 1953, *3.10 To Yuma* (*3 Heures 10 pour Yuma*) avec Glenn Ford, Van Heflin et Felicia Farr, et, avec un sujet identique, rivalisait avec le par trop célèbre *High Noon* (*Le Train sifflera trois fois*) de Fred Zinnemann, réalisé en 1952 avec Gary Cooper, Grace Kelly et, bien sûr, le célèbre thème de Dimitri Tiomkin chanté par Tex Ritter (en France, John Williams faisait un malheur et cassait la baraque, et nos oreilles, avec *Si toi aussi tu m'abandonnes...*).

Le film de Delmer Daves fut un succès, mais il n'influa pas tellement sur la carrière d'Elmore Leonard qui dut attendre dix ans encore pour que le cinéma le consacre définitivement avec *Hombre*, porté à l'écran par Martin Ritt d'après un roman homonyme (*Hombre*, Le Masque, Collection Western, Paris, 1967), avec Paul Newman, Richard Boone, Fredric March, Diane Cilento. Violent réquisitoire antiraciste, ce roman fut classé parmi les vingt-cinq meilleurs westerns de tous les temps par la Western Writers of America. L'acquisition des droits par la 20 th Century Fox libère Elmore Leonard de toute contrainte économique, il peut à quarante ans, il est né le 11 octobre 1925 à la Nouvelle-Orleans (Louisiane), abandonner son métier de publicitaire, et se consacrer à plein temps à l'écriture. Le rêve se réalise...

Cette première partie de son œuvre se solde par trente nouvelles et cinq romans, essentiellement des récits westerns. Trois autres suivront dans les années 70, dont le célèbre *Valdez is coming* (*Valdez est arrivé*) avec Burt Lancaster qui sera aussi son premier titre à être publié dans la Série Noire ou, plutôt, son annexe Super Noire (n° 132, Gallimard, 1979).

Les années 70 vont conforter la situation d'Elmore Leonard à la fois comme homme de cinéma et comme auteur de romans noirs. Ainsi signe-t-il le scénario de son roman *The Moonshine War* (*La Guerre des Bootleggers*) toujours inédit en France qui sera réalisé par Richard Quine avec Richard Widmark et Patrick Mc Coohan. Il scénarise aussi l'une de ses idées originales *Joe Kidd* que tourne John Sturges avec deux prestigieux inconnus : Clint Eastwood et Robert Duvall, flanqués d'un acteur qui n'eut pas la réussite attendue de lui, John Saxon. En 1974, il écrit le sujet original et le scénario de *Mr Majestyk* (novelisé et publié dans la Série Noire, n° 2189, sous le même titre) qui connaît une bonne carrière commerciale, tout en délivrant un message antiraciste et libertaire sur un sujet alors assez tabou aux Etats-Unis, les *wetbacks*, ces Mexicains *aux dos humides* qui traversaient le Rio Grande pour trouver du travail comme journaliers agricoles de l'autre côté de la frontière. Dirigé par l'excellent Richard Fleischer (*Les Vikings, l'Étrangleur de Rillington Place*, *La Fille sur la balançoire*, *Bandido Caballero*, entre autres très belles réussites...), Charles Bronson interprète, pour une fois sobrement, son rôle de justicier et de meneur d'hommes révolté par l'exploitation et l'injustice.

Soulignons au passage que l'une des constantes thématiques de l'œuvre d'Elmore Leonard tant dans ses scénarios que dans ses westerns et ses polars est la lutte contre l'injustice économique et le racisme qui peut déboucher sur la révolte, voire une prise de conscience révolutionnaire.

A partir de 1974, il se consacre pratiquement uniquement aux polars, avec une prédilection, également partagée par Richard Stark (Donald Westlake) pour les voleurs et surtout les gangsters, non pas les mafieux mais les criminels spécialisés dans les attaques à mains armées et autres individualistes, survivants décalés et marginaux révoltés de la *Prairie perdue*. Ce réalisme social est particulièrement sensible dans *Swag* (*Plus gros que le ventre*, Super Noire n° 55, Gallimard, Paris, 1976) et *Unknown man n° 89* (*Homme inconnu n° 89*, Gallimard, Paris, 1977), ils n'en sont pas moins pourvus d'un solide sens de l'humour, caractérisé par des dialogues vifs, acérés, portant sur des sujets d'actualité ou ressortissant du quotidien le plus banal, mais dynamités de l'intérieur et, parfois, à la limite de la parodie.

Ces romans ont pour toile de fond la ville de Detroit dont ils constituent une chronique à la fois réaliste et picaresque. L'un d'entre eux, une comédie noire mais parlant d'un sujet grave, le nazisme aujourd'hui, *The Switch* (*La Joyeuse Kidnappée*, Super Noire n° 123, Gallimard, Paris 1979) retient particulièrement notre attention dans la mesure où y apparaissent pour la première fois quelques-uns des protagonistes de *Rum Punch/Jackie Brown*, dans une affaire d'enlèvement totalement délirante, caractéristique de ce qui allait devenir le roman policier leonardien dans les années 90, libéré de toute norme et contingence, comme c'est le cas pour *Get Shorty* ou *Maximum Bob*, publiés par Rivages/Thriller.

Quelque douze ans auparavant, Elmore Leonard donne dans *La Joyeuse Kidnappée* toute la mesure de son talent, de son humour acidulé et noir, de son sens de la répartie et des enchaînements coq à l'âne, de ce qui fait sa touche personnelle. Une touche subtile, percutante et innattendue qui rapproche son style de celui de Quentin Tarantino, d'une même veine et d'une identique verve débridée, appliquant un adage exigeant que l'on ne refuse jamais un verre que l'on vous offre ou une occasion de rire. C'est du moins ce qui se passe dans la vie, et cette confusion des genres, ce passage du burlesque au tragique et réciproquement, c'est aussi cela le réalisme. Du moins, comme peuvent le concevoir deux joyeux compères comme Leonard et Tarantino.

Tarantino avait donc toutes les meilleures raisons du monde de se brancher sur *Rum Punch*, d'autant plus qu'à quinze ans il avait piqué l'édition de poche de *The Switch*, chez Bantam, aujourd'hui une petite rareté que se disputent les collectionneurs pour sa couverture illustrée. Naturellement, Quentin Tarantino avait gardé un excellent souvenir de l'ouvrage et il continuait de s'intéresser à la production littéraire de son auteur, à un point tel que sa société de production *A Band Apart* possède encore une option sur deux polars (*Freaky Deaky* [1],

---

1. *Freaky Deaky* : *Les Fantômes de Detroit*, Presses de la Cité, Paris, 1988.

Arbor House, New York, 1988, et *Killshot* [1], Arbor House, New York, 1989) et un western d'Elmore Leonard.

Rappelons, pour mémoire, que l'œuvre de *Dutch* est plus que jamais fort prisée des cinéastes et des producteurs. Barry Sonnenfeld ficela fort convenablement mais sans aucun brio novateur *Get Shorty* [2] (*Stars et truands*), par ailleurs honorablement servi par un quatuor de charme et de choc (John Travolta, Gene Hackman, Rene Russo et Danny DeVito). De même, des cinéastes comme Jim Mc Bride, les frères Coen ou Steven Soderbergh sont en train de tourner ou d'achever de scénariser des romans comme *Pronto* (*Pronto*, 1996), *Beyrouth-Miami* (*Riding The Rap*, 1998), *Cuba Libre* (1998) ou *Out of Sight* (1998), chez le même éditeur, Rivages.

Il est à souligner que cet engouement pour Elmore Leonard est dû aussi au signal donné en 1989 par Abel Ferrara qui adapta *Cat Chaser*, un roman noir publié, en 1982, par Arbor House (*Un Drôle de pèlerin*, Presses de la Cité, Collection Haute Tension, Paris, 1985). On sait le rôle phare que joue ce très grand cinéaste new-yorkais dans l'industrie cinématographique où il fait figure à la fois d'épouvantail ou de totem, bref de véritable *Geek* [3], comme pourrait le dire Jerome Charyn. Les

---

1. *Killshot* : *D'un coup d'un seul*, Le Masque, Paris, 1990. Rééd. : LdP n° 4298, Paris, 1992.

2. *Get Shorty* : *Zig-Zag Movie*, Rivages/Thriller, Paris, 1992. Rééd. : Rivages/Noir n° 220, Paris, 1995.

3. Phénomène de fête foraine répugnant ; désigne aussi un artiste excentrique ou marginal.

options prises par Quentin Tarantino, autre nouveau gourou du Septième Art, ne pouvaient que faire monter la cote d'Elmore Leonard.

Ce qui n'est que justice, même si l'on ne s'intéresse qu'à la seconde partie de son œuvre policière-qui couvre la Floride avec le célèbre quatuor *Gold Coast* (1980), *Un drôle de pèlerin* (1983), *Stick* [1] (1983) et *La Brava* (1983), ouvrages publiés aux Presses de la Cité. Si *La Brava* reçut un Edgar A. Poe Award, en 1984, chacun des trois autres l'aurait fort bien mérité. En réalité, il s'agissait de consacrer une œuvre dans sa totalité. Le cycle floridien fait la part belle aux héroïnes, les personnages féminins ayant une place prépondérante dans l'action où elles se montrent bien plus avisées que les hommes, d'une plus grande sensibilité même si elles doivent frapper fort et vite pour se faire enfin respecter.

Comme le souligne fort justement Claude Mesplède dans *Les Auteurs de la Série Noire* (coécrit avec Jean-Jacques Schléret, Joseph K. Editeur, Nantes, 1996) à son propos : « Son écriture ne ressemble à aucune autre. Sans temps mort, ni digression, ses romans évitent les clichés, les images ou les métaphores et s'attachent aux dialogues... »

La parole a en effet un rôle essentiel dans l'œuvre subtile d'Elmore Leonard, les mots l'emportent sur les armes. Aucune parole n'est innocente, toute conversation est une escarmouche pouvant rapidement tourner à l'affrontement, ou, même, à la bataille. Il convient de savoir écouter,

---

1. *Le Justicier de Miami* de Burt Reynolds.

entendre et enregistrer ce qui est dit par autrui. Il faut prendre garde quand un interlocuteur se coupe, hésite ou se répète. De même, il faut mesurer ses propos, faire la part des mensonges passés ou à venir. Un échange verbal peut se terminer par une mort d'homme : il ne faut pas en dire trop. Dans *Jackie Brown*, Louis Gara (Robert De Niro) saura ce qu'il en coûte de ne pas s'expliquer clairement, d'avoir appris en taule les vertus du silence ; Melanie Ralston (Bridget Fonda), elle, comprendra, un peu trop tard, qu'il faut savoir tenir sa langue, plutôt que de surfer sur les mots qui peuvent tuer ou vous faire tuer...

La Floride ensoleillée et cool, que Tarantino transpose dans une partie de la Californie qu'il affectionne et connaît mieux, il y vécut. Les environs de South Bay n'ont rien d'un monde idyllique. Elmore Leonard a choisi de nous peindre un monde criminel et marginal où il s'agit avant tout de survivre, pour pouvoir tenter le gros coup et sortir de la médiocrité ambiante et des hôtels minables. Il faut être sans arrêt aux aguets et sur ses gardes, Ordell Robbie (Samuel L. Jackson), lui, est presque sorti d'affaires : encore quelques centaines de milliers de dollars, et à lui la respectabilité et les vêtements sur mesures. Louis Gara (Robert De Niro) n'est plus un battant, la prison l'a laminé et pratiquement bouffé : il est ailleurs. Toujours dans sa geôle, derrière ses propres barreaux. Le plus cool survivra... Mais combien de temps ?

Comme dans la vie, derrière les situations cocasses et les mots d'esprit, la tragédie est là, attendant son heure. C'est aussi la force d'Elmore

Leonard que de nous montrer ce que l'on ne peut voir, les forces qui nous menacent ; le destin et la mort qui attendent leur heure, sous un soleil paradisiaque. Comme si rien n'allait arriver...

## JACKIE BROWN

Jackie Brown, c'est le nom d'une hôtesse de l'air dont la vie a rarement été rose. Plus de quarante ans, deux mariages désastreux, pas un sou devant elle et un job sur une compagnie minable. Il faut arrondir les fins de mois. Aussi cette belle Noire sert-elle de convoyeur de fonds pour le compte d'Ordell Robbie, un trafiquant d'armes. Jusqu'au jour où elle est cueillie à l'aéroport par Ray Nicolette, agent fédéral bien décidé à épingler Robbie et ses complices Melanie Ralston et Louis Gara, un truand sur le retour, que la prison a définitivement collé au plafond. Jackie négocie habilement avec les flics et Ordell qui n'aime pas laisser vivants ses sbires repérés. Elle parvient à sauver sa liberté et sa peau. Mais elle veut plus et, avec l'aide de Max Cherry, un prêteur de cautions qu'elle a séduit, échafaude un plan supérieur astucieux dans un but précis : celui de doubler tout le monde...

Outre la superbe adaptation d'un excellent bouquin de son idole de toujours, Elmore Leonard, dont on constatera avec jubilation à quel point les livres ont influencé l'humour et le sens des dialogues de Tarantino durant ses années d'apprentissage et combien, de toute manière, leurs univers sont proches, intrinsèquement, *Jackie Brown* est passionnant à deux titres majeurs.

Un, la place des femmes. Jusque-là en retrait – le monde de Tarantino est essentiellement masculin – elle occupe ici la vedette. Hommage d'un jeune Quentin amateur de films de Blaxploitation à Pam Grier, la star de son enfance, il lui offre un rôle en or. Elle est pratiquement omniprésente et crève l'écran. Elle est la quintessence et l'aboutissement des autres figures féminines de l'œuvre du cinéaste : l'intelligence, le charme, le courage d'une Alabama ou d'une Mia mais transcendés par la maturité et la volonté. Rares sont les réalisateurs, surtout américains qui, dans un cinéma où la jeunesse semble être la qualité primordiale exigée chez une actrice, ont le culot de mettre au premier plan une femme quadragénaire et noire de surcroît. Alors, macho, Tarantino ? Si oui, d'une espèce peu commune...

Deux, la maturité. Finies les scènes ultraviolentes. Tout ici est maîtrisé. Le film gagne en humour et en remarquable technique ce qu'il perd en surexcitation. Tarantino, le cinéaste extrême ? Oui, toujours. Mais aussi l'adaptateur rigoureux, le dialoguiste hors pair et le metteur en scène accompli.

Tout y est. Magnifique adéquation du fond et de la forme, superbe et hilarante fable où se retrouvent toutes les qualités et les thèmes du réalisateur, *Jackie Brown* est un bijou d'intelligence, de suspense et de drôlerie... Quant à la direction des comédiens, elle est parfaite, de Pam Grier et Bridget Fonda à Robert Forster en passant par l'étonnant Michael Keaton, dans une performance toute en finesse et,

**MIRAMAX INTERNATIONAL présente une production A BAND APART, distribué en France par BACFILMS : *Jackie* BROWN**

| | |
|---|---|
| Écrit et réalisé par | Quentin TARANTINO |
| Produit par | Lawrence BENDER |
| D'après le roman *Punch créole*, de | Elmore LEONARD [1] |
| Producteurs associés | Richard N. GLADSTEIN |
| | Elmore LEONARD |
| Producteurs associés | Bob WEINSTEIN |
| | Harvey WEINSTEIN |
| Coproduit par | Paul HELLERMAN |
| Directeur de la Photographie | Guillermo NAVARRO |
| Directeur artistique | David WASCO |
| Monteur | Sally MENKE |
| Créatrice des costumes | Mary Claire HANNAN |
| Distribution des rôles | Jaki BROWN |
| | Robyn M. MITCHELL |
| Directeur de production | Deborah CASS |
| Superviseur de la post-production | Heidi VOGEL |
| Monteur associé | Tatiana S. RIEGEL |
| Premier assistant metteur en scène | William Paul CLARK |
| Deuxième assistant metteur en scène | Rick LANGE |
| Décors | Daniel BRADFORD |
| Chef décorateur | Sandy REYNOLDS-WASCO |
| Supervision du montage son | Stephen Hunter FLICK |
| Mixeurs | Michael MINKLER |
| | Frank A. MONTANO |
| Coordinateur de production | Dawn TOOD |
| Cameraman/Steadycam | Dan KNEECE, S.O.C. |
| Jackie Brown | Pam GRIER |
| Ordell Robbie | Samuel L. JACKSON |
| Max Cherry | Robert FORSTER |
| Melanie | Bridget FONDA |
| Ray Nicolette | Michael KEATON |
| Louis Gara | Robert DE NIRO |
| Mark Dargus | Michael BOWEN |
| Beaumont Livingston | Chris TUCKER |
| Sheronda | Lisa Gay HAMILTON |
| Winston | Tommy « Tiny » LISTER Jr |
| Simone | Hattie WINSTON |
| Le défenseur public | Denise CROSBY |
| Le juge | Sid HAIG |
| Amy, la fille des Billingley Sales | Aimée GRAHAM |
| Le patron du Cockatoo | Ellis E. WILLIAMS |

1. Edition Rivages, collection Rivages/Thriller, Réédition sous le titre de *Punch Créole*, collection Rivages/noir.

| | |
|---|---|
| La fille des Billingley Sales # 2 | Tangie AMBROSE |
| Raynelle, le copain junkie d'Ordell | T'Keyah Crystal KEYMAH |
| L'hôtesse de Cabo | Venessia VALENTINO |
| Anita Lopez | Diana URIBE |
| La serveuse | Renée KELLY |
| La barmaid chez Sam's | Elizabeth MCINERNEY |
| La fille de la sécurité | Collen MAYNE |
| La serveuse du steakhouse | Laura LOVELACE |
| Les filles qui aiment les flingues | Christine LYDON M.D. |
| | Julia ERVIN |
| | Juliet LON |
| | Michelle BERUBE |
| | Gillian ILIAN-WATERS |
| Les assistants des shérifs | Candice BRIESE |
| | Gary MANN |
| Les shérifs | Jeffrey DEEDRICK |
| | Roy NESVOLD |
| | Herbert Hans WILMSEN |

Samuel Jackson qui, dans un tout autre registre, nous campe un Ordell aussi grandiose que le fut son Jules de *Pulp Fiction*... Mais, celui qui vous surprendra le plus est probablement le plus célèbre du casting. Dans un second rôle de taulard bousillé par quinze années à l'ombre, il réussit une composition complètement inédite... N'en déplaise à certains, et Tarantino n'en démord pas, Robert De Niro est le plus grand acteur du monde.

[illegible]

| | |
|---|---|
| [illegible] | [illegible] |
| Les Shorts | [illegible] |

Samuel Jackson [illegible] un [illegible] [illegible] [illegible] [illegible] [illegible] [illegible]

TROISIÈME PARTIE

# Tarantino Live

*Le monde est une scène, la scène est un monde de spectacle.*

Howard Dietz
(*The Bandwagon* de Vincente Minnelli

# DE LA PULP CULTURE, EN PASSANT PAR LA CULTURE POP, A LA CULTURE POPULAIRE MONDIALE

A la manière de l'arbre qui finit par cacher la forêt, *PULP FICTION* finit par occulter ce que l'on peut entendre par *Pulp Culture* en se limitant aux termes mêmes qui la fondent (origines, contenu et dates) et à la plus grande extension dans le temps et l'espace de ce qu'elle peut représenter.

Laissons la parole à un spécialiste du polar, le regretté Michel Lebrun, auteur français de quelque quatre-vingts romans, critique, anthologiste, historien du genre et rédacteur en chef de la revue *Polar* (Editions Rivages) qui débute ainsi sa préface à *Mémoires d'un auteur de polars américains* [1] de Frank Gruber :

« Tous les plus grands auteurs *noirs* américains ont débuté dans de petits magazines populaires, vendus quelques *cents* à l'origine en raison de leur piètre présentation et de leur mauvais papier de sciure ou de pulpe, d'où leur appellation de *pulp magazines*.

« C'est dans ces opuscules aux couvertures vio-

1. *Pulp Jungle*, Encrage Editions, Amiens.

lemment bariolées et aux titres affriolants que s'élabora dans les années 20 et 30, comme ça, dans un chaudron de sorcière, cette écriture violente qui devait influencer toute la littérature contemporaine, et l'influencera encore un bon bout de temps. Pour simplifier, on devait appeler cette nouvelle vague l'école *Black Mask* titre du plus célèbre de tous les *pulp magazines*. En sont sortis avec les honneurs des géants comme Carroll John Daly, George Harmon Coxe, Raoul Whitfield, John D. MacDonald, Cornell Woolrich/William Irish, Dashiell Hammett, Raymond Chandler... et Frank Gruber, excusez du peu ! »

Précisons que les *pulp magazines* ne proposaient pas uniquement des récits policiers, de surcroît écrits par des auteurs durs à cuire (*hard-boiled*), il y avait aussi des histoires fantastiques, des récits de guerre ou de terreur, des westerns, etc.

Il est bien évident que le genre qui approche le plus près possible des réalités sociologiques, politiques, économiques et culturelles américaines, c'est le polar, d'autant plus que grâce à *Black Mask*, il s'est dégagé du récit à énigme pour devenir réaliste. La grande question n'étant plus l'identification d'un coupable et la manière dont il s'y est pris pour commettre un crime mais le pourquoi et les motivations de ce crime. Ce dernier n'étant pas forcément d'ailleurs un meurtre. Le champ du polar s'est désormais élargi à tous les forfaits, crimes et délits, ainsi qu'à toutes les classes sociales. Il ne s'agit plus d'un jeu vaguement intellectuel, façon *Cluedo*, réservé au même milieu que celui où il se déroule généralement, mais d'un panorama englobant toute la société, et les manières de vivre variées de ses différentes catégories.

Au niveau formel, les *pulp magazines*, s'ils publiaient des romans par épisodes, comme ce fut le cas pour *Moisson rouge* de Dashiell Hammett ou, toujours de lui, *Sang maudit* (*The Dain Curse*), proposaient plus particulièrement des nouvelles ou des *novellas* (longue nouvelle ou court roman, à votre choix). Et Tarantino, s'il n'a pas lu *Black Mask* en édition originale, en connaît cependant bien le contenu.

La forme de la nouvelle le fascinait. Il souhaitait raconter trois histoires différentes, liées par des personnages récurrents, s'inscrivant dans une plus vaste trame sans pour autant à être astreint à les suivre chronologiquement ; ce qui explique pourquoi quand Butch revient chercher sa montre, il ne se trouve confronté qu'au seul Vincent Vega, Jules, lui, persuadé du miracle qui les épargna, ayant jeté les armes et mis un terme à son association avec Vincent qui ne bénéficiera pas d'une seconde chance.

Trois nouvelles, en réalité au moins cinq trames différentes permettent à Tarantino d'approfondir sa réflexion sur le polar noir et dur en traitant différents thèmes, aspects ou sujets et clichés permettant un film panoramique dans sa manière de voir et de raconter.

Plutôt que de suivre un récit se déplaçant soit d'amont en aval (temps présent) ou l'inverse d'aval en amont (retour au passé, flash-back), puis à nouveau amont vers l'aval (présent continu, à nouveau), il choisit le flash-back présent, puis le flash-back, la segmentarisation, le futur, le passé, puis le présent narratif (si l'on accepte que la séquence petit déjeuner/hold-up soit un présent narratif par convention; alors que la mort de Vincent nous apprend qu'il s'agit déjà d'un passé). La fin de l'épisode de la montre pouvant être un présent absolu ou relatif, un futur, ou déjà un passé. En partant du principe que le cinéaste ne peut qu'évoquer des possibles réalisés, et non des uchronies tout le film est donc au passé avec des modes différents, comme passé composé, plus-que-parfait et futur antérieur. Restons-en là, et laissons cette déclinaison temporelle à nos amis de l'OULIPOPO...

Ce qui prouve de toute façon la complexité de la mise en scène de Tarantino qui n'a rien à envier à celle de *L'Année dernière à Marienbad* quant à ses structures ; ennui en moins et prétentions intellectuelles mises à part...

Il faut encore remarquer que si l'Age d'or des pulps correspond aux décennies 20 et 30, le temps des pulps dura, pour le moins jusqu'à la fin de la Seconde Guerre mondiale. Nous n'en voulons pour preuve que les auteurs de polars ayant été édités par différents corps de l'Armée des Etats-Unis. Ainsi Samuel Fuller, le cinéaste au cigare, alors journaliste et écrivain, eut-il, alors qu'il servait dans le 16e Régiment de la première division américaine *(The Big Red One)*, son roman *Dark Page* [1] publié dans une édition destinée aux *Marines*.

Le pulp cessa exactement quand il fut remplacé

---

1. *L'Inéxorable enquête*, Rivages/Noir n° 190, Paris, 1994.

par le livre de poche *(paperback)* dont les couvertures sont aujourd'hui techniquement totalement abouties par des artistes d'une incomparable maîtrise dont certains également même des peintres du passé. Tout cela semble cependant fabriqué par une technologie aussi aveugle qu'insensible. Alors que la couverture d'un vieux pulp était grossière, manquant de sophistication, brute et naïve.

Aujourd'hui, tout est propre, correct, précis et sans aucune faille ou bavure. Un peu, comme dans les films de Quentin Tarantino quand l'on veut bien les comparer aux séries B policières des années cinquante. Quand elles étaient signées Samuel Fuller (*Le Port de la drogue* [1]), Phil Karlson (*The Phenix City Story, Le Quatrième homme* [2]), Gordon Douglas (*Le Fauve est lâché* [3]), Budd Boetticher (*Le Tueur s'est évadé* [4]), ect. Ces couvertures n'en avaient pas moins un caractère réaliste dû au manque de moyens les authentifiant autant que le recours aux éléments traditionnels de la mythologie pulp : homme en marcel (impliquant une situation avant ou après l'acte amoureux), femme pulpeuse (impossible de faire autrement !) en négligé ou plus crûment en sous-vêtements (noir ou rouge, bien sûr !), homme poursuivi dans la nuit en trench-coat tenant un automatique noir, homme poursuivant une ombre, cadavre féminin dans une posture quasi-érotique dénudant les cuisses, etc.

Souvent le dessin de première de couverture est

1. Pick-up on South-Street.
2. Kansas City Confidential.
3. Kiss tomorrow good-bye.
4. A Killer is loose.

une paraphrase du titre, il peut aussi être une représentation cauchemardesque ou totalement onirique. Le plus souvent, le réalisme sophistiqué est de mise et de circonstances. En cela nous retrouvons une inspiration commune au genre et à Quentin Tarantino.

Mais il faut souligner que si certains décors, de Pulp Fiction, tel le restaurant avec ses belles américaines (voitures décapotables servant de boxes ! Hé, oui ! Chers Collectionneurs, Tarantino a osé ! Cet homme n'a peur de rien, il ose bien une piqûre d'adrénaline dans le cœur, radical contre l'overdose : cela vous tue ou vous réveille ! Il ose aussi un gros plan sur une seringue et Vincent prenant sa dose ; sans parler de Mia toujours en train de se renifler une ligne ou deux de blanche) et ses serveuses aux noms de stars des mêmes années 50 (Jayne Mansfield et Marilyn Monroe) se veulent référentiels aux *fifties*, ils n'en idéalisent pas moins cette décennie en la sophistiquant à tout va. Ne serait-ce que par l'onirisme des éclairages, aux couleurs acidulées. De plus, la musique accentue encore ce décalage car elle est soit des années 70 soit totalement contemporaine. En cela, et c'est bien l'un des traits caractéristiques du cinéma américain, nous sommes confrontés à une reconstitution joyeusement anachronique, cependant correspondant au regard porté par Tarantino à la fois sur les années 50 et 70, qui est celui d'un démiurge rêveur. Le jeune cinéaste emprunte à la réalité et à la vérité les éléments qui lui conviennent pour nourrir sa créativité. Peut-être un jour pour qualifier un décor, un ensemble ou un style dira-t-on *tarantinesque* ou mieux *tarantino*, comme l'on eut dit rococo.

Il est bien évident que l'univers que nous propose Tarantino relève davantage de sa propre vision des choses que de la culture pulp dont il ne garde que les grandes lignes de force et les thèmes qui l'intéressent : « Je suis un voleur », aime à répéter notre cinéaste, qui sait bien que le cinéma se nourrit d'emprunt, même inavoué. Lui, cependant, a le courage de le dire, car en même temps il transcende ce qu'il pille, en le faisant sien. C'est cela aussi le style...

Un style volontiers sophistiqué avec des tueurs cool discutant hamburger et drogue ou massage de pieds avant de se livrer à leur funeste besogne, comme deux techniciens le feraient avant d'aller faire une réparation quelconque. Tarantino se plaît à insister entre le décalage qu'il y a entre nos actions et nos pensées, notre vie et nos rêves. Ce ne sont pas ses héros qui sont décalés, ils sont parfaitement bien, généralement, dans leur peau, c'est la vie qui est décalée ; la vraie vie qui est ailleurs...

Certainement, là où Butch et Fabienne s'enfuient, là où fuiront peut-être Pumpkin et Honey Bunny ; là où les attendent Alabama et Clarence, vivant, enfin, leur *True Romance*. Chez Tarantino, le droit au Bonheur ne se mérite pas, il se prend de force, en bousculant l'ordre des choses, pour rétablir l'ordre véritable des êtres.

Le polar, roman ou film, était un voyage dans la noirceur, une descente aux enfers dans les abîmes de l'être et les abysses de la société, un voyage au bout de la nuit, quand rien ne luit dans le ciel. Avec

Tarantino, enfant des *sixties*, tout autant que de l'amour libre, l'amour retrouve son rôle dans le polar, pas l'Amour Fou cher aux Surréalistes, mais l'amour, simple, ordinaire, banal. Naïveté de l'enfant perdu à la recherche de la famille perdue, du père absent ? Retour à l'*Amour-Toujours* du couple originel après le pluralisme amoureux et le libertinage libertaire ? Figure de style ?

*Jackie Brown* nous donne un semblant de réponse avec les portraits de deux célibataires ayant peur d'avouer leur solitude, leur besoin d'amour, la crainte de se tromper encore une fois, et de perdre définitivement ses illusions...

Sans amour, on est rien du tout, comme le chantait si bien Édith Piaf, dans sa fameuse *goualante* se faisant l'écho sentimental de l'universelle morale de toutes les cultures populaires.

Il était impossible que la culture cinématographique pop y échappât, alors que la variété s'était nourrie pendant des décennies de chansons à la fleur d'oranger, y compris sur fond de Hard Rock.

*Pulp Fiction* est indiscutablement un hommage de l'auteur aux *seventies* qui virent son adolescence et sa découverte de la culture et de l'art, mais il s'agit aussi d'une réappropriation de son adolescence dans la mesure où intervient une relecture de ses souvenirs et des données culturelles la fondant qui demeurent inscrites en lui et intégrées à ses facultés créatrices.

Et, bien plus que les objets, les décors, la musique, la manière d'être ou les souvenirs personnels, il y a le cinéma.

Entendons par là tous les éléments d'un film ou y participant. Ce qui fait beaucoup si l'on songe que Tarantino a vu, ne serait-ce que par l'intermédiaire de *Video Archives*, des milliers de films. Il est inutile d'entrer dans le détail de ce qui peut être aussi bien référentiel que *private jokes* ou hommages déguisés ou non. Parcourir la fameuse liste de ses films favoris sera bien édifiant, surtout qu'elle est fluctuante et sujette à d'éventuelles, voire tragiques, révisions...

Les trois films favoris de Quentin Tarantino sont au premier rang, *Rio Bravo* que l'on peut considérer comme le chef-d'œuvre car western modèle dans son classicisme. Rappelons pour mémoire qu'il s'agit du film d'Howard Hawks, interprété comme un roc par John Wayne, flanqué de son alcoolo d'adjoint, Dean Martin, aussi remarquable que dans *Comme un torrent* de Minnelli *(Some came running)* avec Angie Dickinson (sublime, forcément sublime !) et un autre crooner méconnu Ricky Nelson, dont c'est le plus grand rôle cinématographique. (Citez-m'en donc un autre ?)

L'amateur pourra préférer *The Searchers (La Prisonnière du désert)* de John Ford, au scénario plus original et plus riche (racisme, solitude, métaphysique, désespérance, désespoir ontologique ; absurdité, vacuité des choses, vide du ciel), n'en demeure pas moins que *Rio Bravo* est un film exemplaire (construction, dynamisme, simplicité des choses, évidence tant de la conduite des personnages que de la manière de filmer) même si l'on peut lui préférer d'autres films de Hawks (*The Big Sky*, *La Captive aux yeux clairs* ; ou *Only Angels have wings*, *Seuls les anges ont des ailes*).

Les deux autres films retenus approfondissent certaines qualités en les augmentant : *Taxi Driver* de Scorsese, classique d'un courant néoréaliste américain new-yorkais tant que dans l'inspiration que dans la forme dont la violence et le désenchantement s'inscrivent dans la tradition endémique d'un vérisme récurrent basé sur des fictions tels que *Angels with dirty faces* de Michael Curtiz *(Les Anges aux figures sales), The Naked City* de Jules Dassin (*La Cité sans voiles*), ou *Midnight cow-boy* de John Schlesinger *(Macadam cow-boy).* L'aboutissement d'une telle démarche, par ailleurs incompatible avec la manière de filmer de Tarantino, étant le singulier *Casino*, dont seul De Niro sort indemne...

Le troisième, *Blow Out* de Brian De Palma, raconte l'histoire d'un homme qui sans le savoir filme un meurtre avec sa caméra. Bien sûr, il s'agit d'un dramaturge du célèbre *Blow Up* d'Antonioni, le titre en forme d'hommage est explicite, à partir d'un fait divers bien réel qui coûta sa carrière au troisième frère survivant des Kennedy, Ted, impliqué dans la noyade accidentelle de sa secrétaire. Et pour faire bonne mesure, un hommage appuyé à *The Conversation* de Coppola, *(Conversation secrète)*, Oscar du meilleur scénario et réflexion sur la solitude terrible d'un homme dont l'existence consiste à écouter autrui, sans qu'il s'en doute, et par là se condamnant à ne pas agir, à rester une oreille indiscrète à un tel film, celui de De Palma ne fait pas le poids, on s'en doute.

Cependant, remarquons ce trait hélas très cinéphilique qui fait que l'on préfère parfois un ersatz méconnu à un original reconnu. Tarantino en est assez coutumier. Ainsi, malgré l'immense admiration qu'il a pour Jean-Pierre Melville, et que nous partageons, en nous félicitant que cette reconnaissance vienne d'outre-Atlantique, il semble pratiquement préférer *The Killer* de John Woo au *Samouraï*.

Quoi qu'il en soit, il ressort des préférences de Quentin Tarantino, qu'il pose avant tout les références majeures de son cinéma sous le signe de la force et de l'intelligence qui fondent les plus belles œuvres classiques, *Rio Bravo* en demeurant l'incontournable exemple.

Pour le reste, si *Taxi Driver* peut impressionner, il ne s'agit pas moins d'un certain cinéma à l'esbrouffe que l'auteur s'imagine plus authentique qu'il n'est. En réalité, la part prétendument réaliste du cinéma de Scorsese abuse très souvent ses compatriotes, et lui confère une apparence recherchée de film européen dont les maladresses passent pour la marque de l'authenticité.

Les autres films cités sont nettement plus révélateurs : ils témoignent de la curiosité insatiable de Tarantino, de son absence de préjugés et de son goût parfaitement abouti, même si parfois il se fait bluffer par le grand spectacle ; ce qui arrive à tous les cinéphiles aventureux et enthousiastes...

Il n'est pas étonnant que Jean-Luc Godard soit le cinéaste le plus cité (cinq films dont, bien sûr, *Bande à part* qui donnera son nom à sa maison de production). Les autres Français étant Truffaut pour le seul *Jules et Jim*, et Jean-Pierre Melville pour *Le Doulos*.

Hawks apparaît à quatre reprises, tout comme De Palma. Mais, surprise, Sir Alfred, lui, n'apparaît pas, ce qui impliquerait que le bon Hitch serait inférieur à De Palma ? Un peu fort de café ! Mais cela impliquerait aussi que Tarantino n'est que la moitié d'un cinéaste Hitchcoko/Hawksien, selon les critères des *Cahiers du Cinéma* en vogue durant les *fifties* et une partie des *sixties*...

Ce qui finalement est plus que probable...

Pour le reste, très peu de petits maîtres, notamment pour la série B et Z des années 50. Il est dommage que Fuller soit absent car par ailleurs vénéré par Tarantino. Mais une liste de films favoris relève de l'émotionnel et non de l'intellect. Et il ne s'agit pas d'une liste de cinéastes, ce qui pourrait donner un autre résultat, tout aussi étonnant, d'ailleurs.

La majorité des films mentionnés appartiennent aux années 70 et 80. Cette dernière décennie pouvant être considérée comme totalement à la traîne de la précédente en matière de création musicale ou cinématographique, il est bien évident que le grand référentiel culturel de Tarantino est la décennie des *seventies* que l'on peut, aujourd'hui, regarder avec un certain recul comme une période de libération, entérinant des phénomènes sociaux comme la reconnaissance de l'identité et de l'égalité féminine, son corollaire l'amour libre, la diffusion des drogues douces, la reconnaissance de la jeunesse (surtout reconnue comme source non négligeable de nouveaux consommateurs). Las, le sida et les crises n'allaient pas tarder à se manifester avec une tentative de retour au conservatisme le plus étroit qui a fini par aboutir de nos jours, grâce à une collusion informulée des forces politiques de droite et de gauche, et de leur allié objectif de toujours, le communisme.

La culture pop des années 70, qui subit bien sûr les influences des mouvements éclos à partir de 1968, même s'ils furent informels, est également redevable esthétiquement au psychédélisme qui n'apparaît guère chez Tarantino, le restaurant avec ses néons *fifties* relève quasiment d'une vision futuriste de l'auteur, de la récréation d'un style selon son propre regard. Quant à l'appartement de Marsellus, il est furieusement high-tech, quasiment futuriste.

Ce référentiel aux *seventies*, Tarantino l'assume totalement, comme il le déclarait bien volontiers.

« C'est normal, j'ai grandi dans cette période. Toutes les décennies passent, mais celle dans laquelle vous avez été adolescent vous appartient. Attention, je ne dis pas que la présente décennie n'a aucun intérêt ; mes films sont situés aujourd'hui. Mais tous les gens qui m'entourent ont mon âge, on connaît les années 70 par cœur, on s'y réfère continuellement. Une des choses les plus intéressantes des *seventies*, c'était la musique. Elle n'avait plus cette force unificatrice comme dans les *sixties* ; c'est la télé qui jouait ce rôle dans les années 70. Mais c'était une des plus belles périodes de l'histoire de la Soul et de sa diversité. L'époque où Marvin Gaye chantait *What's going on*, où la Soul était vraiment progressiste. Et il n'y avait pas de chanteur dominant à cette époque. Les *fifties* appartiennent à Elvis, les *sixties* aux Beatles, mais personne n'a écrasé les *seventies*. Même si on se souvient de Peter Frampton, de Fleetwood Mac ou de Dylan, personne n'a vraiment dominé la musique des années 70. »

Quentin Tarantino est totalement en phase avec son temps d'autant plus qu'il est largement plus cultivé que la moyenne de ses spectateurs et possède un sens totalement intuitif de l'air du temps. Cela suffit pour que passe la communication. Aujourd'hui, l'intelligence, au sens où on pouvait la référencer à Hawks, Lang, Mankiewicz, Preminger ou Hitchcock, n'a plus guère son rôle dans un cinéma que domine l'émotionnel.

Précisons que je n'ai rien, bien au contraire, contre un cinéma chargé d'émotions, comme pouvaient en faire Nicholas Ray *(Johnny Guitare, La Forêt interdite, Les Dents du diable)* ou Douglas Sirk *(Ecrit sur du vent, Le Mirage de la vie)* et King Vidor *(Duel au soleil, Ruby Gentry, Le Rebelle)*, mais ceux-ci possédaient aussi l'intelligence des choses et du cœur qui permet la mise en scène. Aujourd'hui, cette dernière est confondue avec la technologie ou les effets spéciaux quand ce n'est pas purement et simplement avec la violence ou les scènes d'action. Luc Besson en étant la plus éloquente manifestation, et John Woo la plus imagée : ce qui est tout dire.

Pas plus que les grands Américains disparus, pour la plupart nés en Europe, les grands cinéastes européens adeptes d'un art où cœur et esprit s'équilibraient (Renoir, Gance, Melville, Visconti, Fellini, etc.), sans oublier des hommes comme Bergman ou Antonioni, quelque peu en retrait de nos jours, n'ont été remplacés. On peut en dire autant de ceux que d'aucuns considèrent comme des petits maîtres mais qui surpassent parfois d'autres réputés plus importants (les Cottafavi, Fredda, Powell, Lean, Risi, etc.). Resteraient, emblématiques combattants d'un cinéma de l'intelligence Godard, Immamura et de bien rares auxiliaires.

C'est peu pour un art et un commerce à vocation mondialiste, si on le compare à ce qu'il était un demi-siècle auparavant ou, même, au début du parlant. Régression significative due à la démagogie et à la sous-culture télévisuelle, elle-même hybride de plusieurs contre-cultures, de la culture officielle et de la culture supposée branchée ou d'avant-garde. Tous ces éléments étant réduits à leur niveau le plus faible et le plus bas.

De la même manière que l'apport de la culture populaire américaine se réduit surtout non pas à des faits artistiques mais surtout commerciaux où le cinéma américain trouve sa place, mais *derrière* les industries alimentaires (Coca-Cola, hamburgers des diverses chaînes de restauration internationales, soja et nourritures pour animaux) et d'autres industries (chimiques, pharmaceutiques) ou d'autres technologies. Nous verrons plus loin ce qu'en pense Quentin Tarantino...

Par contre, l'apport musical américain est indéniable par rapport à la culture mondiale, mais il faut cependant remarquer que la chanson anglo-américaine n'est pas comprise le plus souvent par ceux qui la consomment. Singulier paradoxe...

En fait, l'apport américain se traduit surtout par

l'exportation de certains éléments d'un mode de vie, de manières de travailler, de consommer, etc. Mais cela ne débouche pas pour autant sur une américanisation globale. Les résistances nationales sont bien plus fortes que l'on ne le pense (religions, traditions, habitudes) cultures bien ancrées et établies pour qui les éléments américains relèvent du kleenex, utilisé et jeté, sans plus y penser. Cela devient une authentique trash-culture !

Pas davantage, la culture populaire américaine ne peut prétendre à être représentative de la culture mondiale, qu'elle n'influe pas davantage. Face au football américain, le football dit *soccer* a encore de beaux jours devant lui comme les différents rugbys. Le base-ball stagne depuis les années 50 face au cricket. La suprématie américaine dans certains sports provient exclusivement de l'apport de ses minorités. Et, dans certaines disciplines (hockey sur glace, par exemple) les équipes américaines en sont réduites à composer leurs rangs avec les membres des équipes nationales qui les battent durant les rencontres internationales.

Et Tarantino dans tout cela ?

Une vision sommaire inciterait à conclure à un cinéma sophistiqué qui aurait donné au film de gangsters son point d'orgue avec *Reservoir Dogs*, c'est aller vite en besogne, enterrer le genre, oublier sa vitalité aux Etats-Unis, où il fait fonction de miroir social. L'intérêt récent pour les minorités criminogènes italiennes et asiatiques n'est pas dû à la volonté délibérée de faire de l'exotisme intérieur mais plutôt d'appréhender d'autres aspects de la société américaine criminogène dans son ensemble. Notamment l'émergence d'une contre-culture voire même d'une contre-société criminelle doublant la société légale.

Tarantino revient sur le sujet avec *Pulp Fiction* où il nous montre cette contre-société dans sa banalité et sa quotidienneté, en choisissant des criminels appartenant à une organisation structurée (le gang de Marsellus, dont les activités touchent aussi bien à la boxe, qu'à la drogue, la gestion d'un bar) que des indépendants braqueurs de magasins de spiritueux ou de cafétérias. Seul personnage vraiment positif, Butch le boxeur refuse la loi du gang, n'écoute que son honneur, et décide pour son bonheur et celui de sa compagne de fuir la ville criminelle. Les autres personnages sont tous des psychotiques, des névropathes, des sociopathes ou des névropathes. Tous fonctionnent plus ou moins à la drogue quand ce n'est pas au burger. Ils tuent comme ils respirent, la mort n'est qu'un incident de parcours, un accident du travail. A passer à profits et pertes... Vincent et Jules tuent, c'est leur boulot ; Mr Wolf (Harvey Keitel fabuleux ! Avec une tête grimée qui laisse rêveur : Keitel en Himmler) nettoie les bavures et fait tout disparaître. Voilà pour les pros. Les amateurs eux, relèvent de la bestialité : les deux boutiquiers sont sadiques et sodomites, le dernier survivant aura une mort douce...

S'il intéresse, tout ce beau monde n'est cependant pas très reluisant et, encore moins fréquentable. Mine de rien, Tarantino nous dresse un portrait terrible de l'Amérique criminelle et criminogène contemporaine. Seuls héros positifs, des marginaux et des révoltés ; le reste est pourri ou malade. Seul moyen de supporter ce monde, la drogue ; la drogue, principal support de l'économie américaine, à la veille de l'an 2000. Beau bilan pour cette société...

La solution : l'amour et la fuite. C'est le rêve, si l'on peut conjuguer les deux, en ayant aussi fait main basse sur l'argent. Alors, c'est le rêve éveillé !

Un rêve difficile à croire pour Jackie Brown et Max...

Par contre, Quentin Tarantino, le rêve américain, il y croit, dur comme fer !

Forcément, le cauchemar climatisé, il l'a déjà vécu. Désormais, il fait du cinéma.

« Le monde est une scène... »

# ENTRETIEN AVEC QUENTIN TARANTINO

QUESTION : *Pulp Fiction* est-il un hommage direct à la littérature pulp que l'on pouvait trouver dans un magazine comme *Black Mask* ?

RÉPONSE : On ne peut pas vraiment dire ça. En fait, je n'ai jamais lu *Black Mask* mais je sais ce qu'il représentait, quel en était le contenu, quels auteurs y ont débuté (comme Raymond Chandler) et qu'il était essentiellement composé de nouvelles. Ce n'est pas comme si j'avais lu *Black Mask* pendant des années, j'étais trop jeune pour ça, mais j'en ai beaucoup entendu parler. Et c'était le format de la nouvelle qui m'intéressait.

Q : La « pulp fiction » était-elle déjà culte quand vous en entendiez parler ?

R : « Pulp fiction », terminologiquement parlant est très proche de « série B ». Quand il est apparu, le terme « pulp fiction » désignait quelque chose de très spécifique : des « dime stories » qui étaient imprimées sur un papier particulièrement rugueux et bon marché. Et le terme « film B » signifiait budget plus économique, film de complément de programme. Au fur et à mesure, avec le temps, les

« dime stories » ont cessé d'être imprimées sur ce genre de papier et ce qu'on continuait d'appeler les « séries B » des années 60 et 70 étaient en fait des « exploitations movies » qui n'étaient plus du tout des films de complément mais la « main attraction ». En fait, l'appellation « pulp » et « série B » correspondait à un genre. Et on continuait à dire « pulp » ou « série B », même si on avait oublié d'où ils venaient. Dans les années 30 et 40, la « pulp fiction » c'était aussi les westerns et les livres sexy. Le « pulp » désignait la qualité du papier. Avec le temps, « pulp » finit par désigner principalement les récits criminels, les « detectives stories ».

Q : Vos références dans *Pulp Fiction* ne sont-elles pas plus cinématographiques que littéraires ?

R : Non. Je pense qu'il y a un mélange des deux. Les deux premières histoires – le boxeur supposé perdre le combat et qui ne le perd pas, le triangle amoureux dangereux – sont le genre d'histoires que l'on trouvait à la fois dans les films et dans la « pulp fiction ». Tout ça va de pair et reflète une dualité qui existe dans mon travail. Je dirai que les histoires sont inspirées par la « pulp fiction » et la « littérature normale ». Quant à ma manière de filmer, les deux plus grandes influences sont mon amour pour le cinéma européen et mon amour pour le cinéma d'exploitation. On ne peut dissocier l'un de l'autre.

Q : Quel est le marché des « exploitation movies » aujourd'hui ? Le cinéma populaire, dans l'esprit des « pulps » existe-t-il encore ou a-t-il laissé la place au porno ?

R : Dans les années 60 et 70, les « exploitation movies » étaient l'équivalent de ce qu'avaient représenté les « dime stories ». Ce n'est plus vrai aujourd'hui. De nos jours, chaque livre écrit pour être publié coûte six dollars, pas un cent de moins qu'un livre de William Faulkner dans le même rayon alors qu'un roman de John Grisham par exemple vaut 20 à 30 dollars s'il est publié en hardcover (grand format). C'est la même chose avec les films. Les « exploitation movies » ont disparu des cinémas parce que vous payez 7 dollars pour aller voir *True Lies* dont le travail de production et le budget sont d'une énorme valeur et vous payez toujours 7 dollars pour voir un film qui essaie d'être *True Lies* et dont le budget n'a pas dépassé 700 000 dollars. Si l'on vous donne le choix entre les deux films, lequel irez-vous voir ?

Le marché des « exploitation movies » n'existe plus qu'en vidéo. Certains de ces films sont vraiment très bons. Mais, fondamentalement, l'absence d'exploitation en salle prive le film de quelques-unes de ses potentialités. Et si vous travaillez dans ce domaine, ce n'est plus comme si vous étiez marginal, vous n'existez tout simplement plus. Personne ne vous connaît, personne ne parle de votre travail et vous en êtes réduit à faire des films visant le public populaire le plus « sleazy » (abruti) en essayant d'éviter d'être classé « X » à la fin.

Q : On a dit que vous choisissiez vos acteurs en référence à de vieux films ?

R : Soyons clairs... L'idée de prendre John Travolta pour ce rôle était tout simplement excitante. Et Bruce Willis ne jouait pas non plus comme Aldo

Ray. Disons simplement que le personnage qu'il incarne a quelque chose de ceux qu'interprétait Aldo Ray et que ça nous amusait d'y penser. Mais regardez Aldo Ray dans *Nightfall*, Bruce n'a jamais joué comme ça. Si j'ai donné ces références, c'est pour donner une idée de ce que j'avais dans la tête. Il ne faut pas me prendre au pied de la lettre à ce sujet. C'était plus pour indiquer une atmosphère. Je n'ai, par exemple, jamais dit à John de regarder tel ou tel film pour s'imprégner de son personnage.

Q : Dans vos films, nous pouvons reconnaître les personnages, les situer dans une lignée, mais les situations échappent à tout contrôle et vont toujours dans une direction inattendue. Vous aimez jouer sur ce décalage ?

R : Exactement. C'est comme les situations dans les livres de Frédric Brown. Quelque chose d'étrange survient et entraîne l'histoire dans une voie totalement différente.

Q : Pensez-vous que la « pulp fiction » soit la part la plus importante et la plus authentique de la culture américaine ?

R : Oui, je le crois. Définitivement. C'est la vraie culture américaine. C'est une forme d'art que des artistes ont façonnée dans l'ombre parce qu'elle n'avait aucune réputation de leur vivant. C'est seulement rétrospectivement que certains d'entre eux ont atteint la renommée qu'ils méritaient largement. Quand on me demande « Mais c'est quoi un roman " pulp fiction " ? », je réponds : je vais vous dire exactement ce que cela signifiait : c'était un roman que vous pouviez acheter pour un *dime*, que vous lisiez dans l'autobus en allant à votre travail.

Au travail, vous le mettiez dans votre poche arrière, vous étiez assis dessus toute la journée et vous en continuiez la lecture dans l'autobus sur le chemin du retour et quand vous l'aviez fini, vous le donniez à un ami ou vous le jetiez à la poubelle. Jamais vous ne le rapportiez chez vous pour en achever la lecture et le mettre dans votre bibliothèque.

Q : Vous vous dites à la fois l'héritier de Truffaut, Godard, de cinéastes de la « Nouvelle Vague » et celui des réalisateurs de séries B, notamment en ce qui concerne la violence. Parmi les Européens, quels sont les cinéastes qui vous ont le plus influencé ?

R : C'est Godard que je préfère, surtout quand il faisait ses films à l'intérieur d'un genre. Plus il entrait dans le genre, plus il s'en éloignait. Quand il faisait ça, ses films étaient plus ludiques. J'aime beaucoup ses « crime films », comme *Pierrot le fou, Bande à Part, A bout de souffle, Vivre sa vie.* J'aime aussi beaucoup Jacques Demy.

Q : Que pensez-vous de *True Romance* et *Natural Born Killers* ?

R : L'un n'a rien à voir avec l'autre. J'aime énormément *True Romance* et je pense que Tony Scott a fait un travail formidable. Mon style est très différent du sien. Mon regard aussi. Et pourtant j'aime son style. C'est comme « Wild cinematic style ». Je le respecte. Je pense que nos sensibilités ne sont pas si éloignées. *True Romance*, c'est mon univers à travers ses yeux.

Oliver Stone n'a absolument pas suivi mon scénario. Il l'a foutu au panier et deux types l'ont réécrit et ont créé quelque chose de totalement nouveau. Et c'est tout. Nos sensibilités sont très différentes, notre esthétique aussi. C'était le plus grand problème avec Oliver Stone. Nos esthétiques sont radicalement différentes. Vous devriez lire mon scénario un jour. Dans le film, le seul moment qui s'en approche est la séquence d'ouverture dans le « dinner ». Mais toute cette première partie avec les parents, je n'ai jamais écrit ça.

Q : Que pensez-vous de la violence à l'écran ?

R : La violence est l'une des choses les plus cinématographiques que l'on puisse faire dans un film. Je me sens totalement et sans réserve à l'aise. Je ne peux pas supporter la violence dans la vie réelle mais dans les films, j'adore ça, c'est très *fun*. Je ne sens acune contradiction à dire cela, pas plus que lorsque je dis que dans la vie réelle, l'attaque d'un requin est une tragédie, ce qui ne m'empêche pas d'adorer *Les Dents de la mer*. Si vous vous placez d'un point de vue de romancier vous vous rendrez compte que les écrivains ont pu écrire tout ce qu'ils voulaient depuis des années. Si les cinéastes avaient la liberté dont jouissent les romanciers, que ce soit dans la façon de raconter l'histoire, dans le choix des situations ou des personnages, la façon dont ils évoluent ou les choses qu'ils sont capables de faire, les choses seraient formidables.

Q : Dans vos films, la violence est traitée de façon assez distanciée et originale...

R : Tout à fait, je suis d'accord avec vous. Elle est d'autant plus efficace qu'elle est traitée différemment. Je veux que la violence fasse mal. Et peut-être que la façon dont je veux qu'elle fasse mal vous donnera envie de rire... Mon problème, ce que j'ai fait jusqu'à présent, quand vous allez aussi loin dans la violence, elle se transforme et devient « a movie action scene ». Ce que j'essaie de faire, c'est de la rendre réelle, avec l'idée qu'elle peut arriver et exploser. C'est ce que j'ai fait en filmant la poursuite dans *Reservoir Dogs*. Et j'en suis content comme pour l'accident de voiture et la poursuite dans *Pulp Fiction*.

R : Quelle importance ? Si c'était quelque chose de spécifique comme de l'héroïne, de l'argent, un livre de cuisine ou les cendres de Jésus, cela affecterait la scène et lui donnerait une certaine sensibilité. Ne pas dire ce qu'il y a lui donne un autre parfum, l'empêche d'être connotée de façon définitive.

Q : Ne pensez-vous pas que la culture populaire est un mélange de tous les apports – le kung-fu, le western-spaghetti, la série B etc. et amène à créer un langage universel ?

R : Tout à fait d'accord. Quand vous prenez des éléments de toutes ces choses et d'autres encore, Coca-Cola, MacDonald's, Madonna ou Elvis Presley, l'essentiel est que tout le monde sait de quoi il s'agit. Même si vous vivez dans le trou le plus perdu, vous avez probablement bu un Coca-Cola. Je ne veux pas dire que ce soit de la culture mais dans un sens, ça en fait partie. Je ne parle pas de glorifier la Coca Corporation mais de ce que ça représente. Des petites choses comme celles-là, que nous connaissons tous, font que nous ne sommes pas isolés. Il y a des choses spécifiquement françaises, américaines... mais il y a des choses qui les transcendent. Ces choses universelles, voilà ce qui m'intéresse. Je ne crois pas qu'il faille les détester. Nous devons les aimer. Nos similitudes devraient être autant aimées que nos différences. Vous avez besoin des deux pour exister.

Q : Pourquoi jouez-vous dans vos films ?

R : Dans le cas de *Reservoir Dogs*, c'était une sorte de clin d'œil, un caméo pour le plaisir. Dans le cas de *Pulp Fiction*, j'ai écrit le rôle pour moi. Etre acteur est une des choses que j'ai toujours voulu faire. Des seconds rôles. L'année prochaine, je ne réaliserai pas de films, mais je vais jouer dans les films des autres...

Q : La Palme d'Or a-t-elle été une surprise ?

R : Pas complètement, mais un peu tout de même. Je pensais revenir avec quelque chose. Ça, je l'espérais vraiment. Mais, dans ces cas-là, vous ne pensez pas à la Palme d'Or.

# APPENDICES

We are such stuff
As dreams are made on.
(C'est l'étoffe dont sont tissés nos rêves)

Shakespeare
*(La Tempête)*

# APPENDICES

[illegible]

C'est L'autre donc [illegible]

[illegible]

## QUENTIN TARANTINO : À PROPOS DU WESTERN ET DE MONTE HELLMAN

Si je devais énoncer les cinq plus grands réalisateurs de westerns de tous les temps, le problème ne serait pas d'en sélectionner cinq, mais de déterminer combien de westerns il faut avoir fait pour être considéré comme un réalisateur de westerns. Un seul ? Dans ce cas, Marlon Brando ferait partie de la liste puisque sa *Vengeance aux deux visages* est un de mes westerns préférés. Philip Kaufman ? Franchement, est-ce que je peux le placer en toute certitude au-dessus de King Vidor, Henry Hathaway ou Sam Peckinpah sous le prétexte qu'il a réalisé la *Légende de Jesse James* (le meilleur film consacré à Jesse James, où Robert Duvall incarne un Jesse James plus effrayant, plus psychotique que jamais et qu'il a écrit le scénario de *Josey Wales hors-la-loi* – dont il a par ailleurs assuré la réalisation durant la première semaine de tournage) ? Il me suffit de penser à Monte Hellman pour que le dilemme ne se pose plus. Lui, pas question de le passer sous silence. Il n'a réalisé que trois westerns ? Je m'en contrefiche. Deux d'entre eux – *L'Ouragan de la vengeance* et *The Shooting* –

méritent largement de le faire entrer dans mon full aux as.

Le producteur Fred Roos, qui financera plus tard *Apocalypse Now*, devait par contrat monter deux films tournés ensemble aux Philippines. Il venait de voir *The Terror* de Roger Corman, avec Boris Karloff et Jack Nicholson, et avait entendu dire que deux jeunes cinéastes en avaient filmé la majeure partie. Leurs noms : Monte Hellman et Francis Coppola. « Envoyez-les-moi », demanda-t-il. Et il engagea Monte. L'affaire était simple. Roos devait donc produire deux séries B d'aventures situées aux Philippines. Il avait déjà un scénario pour le premier, un film de guerre *Back Door to Hell*, mais le second était encore à écrire.

Monte proposa d'engager le jeune comédien de *The Terror*, Jack Nicholson, dont il connaissait les talents de scénariste. Son idée était d'un côté de faire jouer Jack dans *Backdoor to Hell*, et de l'autre de lui proposer d'écrire et d'interpréter le second film. Nicholson pondit un script intitulé *Flight to Fury*. (...) Mis à part *La Petite boutique des horreurs*, c'était aussi le premier film dans lequel Jack Nicholson choisissait de jouer. Dans un rôle qu'il avait écrit pour lui-même, il avait enfin l'expérience, les mots et le réalisateur lui permettant de réussir la performance à côté de laquelle il était toujours passé. L'autre tête d'affiche de *Flight to Fury* était un fidèle de Howard Hawks, Dewey Martin (*La Captive aux yeux clairs, La Chose d'un autre monde*), un acteur sous-estimé qui aurait dû marquer les années cinquante. Le jeu très *sixties* de Nicholson, violent, moderne, cérébral, s'harmonisait avec le style dur, viril et cool de Martin. (En ce qui me concerne, j'ai eu un choc en découvrant ce film, car Martin ressemble beaucoup à Michael Madsen et Nicholson à Steve Buscemi). Le tandem Hellman/Nicholson fonctionnait lui aussi très bien.

Comme on peut le constater dans *Reservoir Dogs*, j'aime les « films lave-vaisselle », les films à niveaux multiples, les films où on fait entrer tout et n'importe quoi. Dans *Flight to Fury*, il y a quatre films différents. Les quinze premières minutes développent une histoire de meurtre sur fond d'aventures exotiques (les Philippines) ; on y croise un héros bourru (Martin), une femme fatale orientale très sexy (elle meurt dès la quatrième séquence), et pas mal de personnages retors qui ne sont jamais vraiment ce qu'on croit qu'ils sont (Nicholson apparaît d'abord comme un chic type, puis se révèle être un tueur glacial à l'agenda bien rempli). Ensuite, Martin et Nicholson prennent l'avion, où nous rencontrons une nouvelle portée de personnages suspects [1]. Après un vol d'environ vingt minutes durant lequel chacun se méfie de l'autre entre deux méditations philosophiques, (...) l'avion s'écrase. L'occasion pour le scénario de lorgner brusquement vers *Homo Faber*, le roman de Max Frisch, quand les rescapés, pour survivre dans la jungle, affrontent des pirates avant de s'entretuer, à leur tour.

Hellman et Nicholson ont réussi un formidable petit film. Ils formaient un duo du tonnerre qui s'est

---

1. Type d'histoire ne manquant pas de faire penser aux romans de Ross Thomas, publié chez Rivages et dans la Série Noire.

vite transformé en un partenariat à-la-vie-à-la-mort. Nicholson écrivit donc un scénario de western qu'ils pourraient réaliser pour pas cher, *L'Ouragan de la vengeance*, et le porta à Roger Corman. Enthousiaste, Corman donna son accord puis se fendit d'un commentaire qui le fit entrer dans la légende : « Tant que vous êtes sur place, pourquoi ne pas faire deux films ? » Les deux copains répétèrent donc ce qu'ils venaient de faire pour Fred Roos aux Philippines : réaliser deux films à la fois avec la même équipe, Nicholson scénariste du premier, acteur et producteur des deux, le tout sous la direction de Monte Hellman.

Le second film était *The Shooting*, avec Warren Oates, Millie Perkins, et Nicholson dans le rôle d'un tueur nommé Billy Spear, personnage fortement inspiré par Jack Palance. L'auteur du scénario n'était autre que Carole Eastman, une copine de Nicholson rencontrée au cours de comédie de Jeff Corey, qui écrira plus tard pour lui *Cinq pièces faciles, La Bonne fortune* et *Man Trouble*. Son script, écrit sous le pseudo d'Adrien Joyce, était une sorte de version métaphysique de *La Chevauchée de la vengeance* de Budd Boetticher. Il paraît que Corman le détesta, mais il lança quand même le projet : d'abord parce qu'il ne disposait pas d'autre scénario terminé, ensuite parce que, compte tenu des petites sommes investies, il ne pouvait pas gagner de l'argent.

Aujourd'hui, *The Shooting* est considéré comme le meilleur des deux. Kevin Thomas, critique au *Los Angeles Times*, a écrit : « La différence entre les deux (*L'Ouragan de la vengeance* et *The Shoo-*

*ting*), c'est exactement ce qui sépare le parfaitement bon du positivement défendable. » A l'exception notable de Michel Ciment, l'essentiel des critiques français et américains partageait cet avis. En outre, Monte Hellman préférait lui aussi *The Shooting*. Mais pour moi, la simplicité, le naturalisme, le langage aberrant (car extrêmement authentique) des cow-boys, la tristesse de la moindre réplique, les instants de comédie parfaitement ridicules, la merveilleuse sobriété de Nicholson et de Cameron Mitchell, tout ça servi dans une intrigue à géométrie variable, font de *L'Ouragan de la vengeance* un des westerns les plus brillants, les plus purs du monde.

Monte Hellman a réalisé des westerns comme personne, ni avant, ni après lui. Il ralentissait l'action au point de donner aux séquences l'air de se dérouler en temps réel, ce qu'on n'avait encore jamais vu dans ce genre de films. C'est comme s'il se trouvait dans la cabine de projection, en train d'empoigner la pellicule et de la tirer vers le bas au moment où elle passe devant la lentille, pour que chaque image bénéficie d'un temps d'exposition supplémentaire, pour que chaque spectateur puisse la détailler à loisir. Le film s'ouvre sur une attaque de diligence que l'attitude nonchalante et laconique des pillards transforme en une véritable scène de comédie. Tout le contraire des séquences d'action qu'on nous donne d'habitude (...) un des éléments les plus brillants du film, ce sont les dialogues de Nicholson, des dialogues 100 % western, rares et authentiques, tirés de lettres et de journaux d'époque. Les gens de ce temps-là étaient simples, peu bavards, et leur vocabulaire n'était pas très riche. Ce qui n'empêche pas les propos d'être parfois drôles, témoin la scène où les trois amis passent devant un arbre où se balance un pendu. Ils le regardent un bon bout de temps, et Nicholson lâche : « *Cet homme a été pendu.* » A d'autres moments, le ton est à la gravité, quand par exemple, au lieu de disserter *ad vitam aeternam* sur leur destin inique, Nicholson dit à Mitchell, avec juste ce qu'il faut d'intensité dans la voix : « *Personne ne lancera d'avis de recherche contre moi, c'est tout.* »

(...) C'est durant les tentatives maladroites de ces deux orphelins du langage pour exprimer leur innocence et leur désespoir à leurs otages désespérés que le film se hisse au niveau d'une émotion rarement atteinte. Quand les bandits malgré eux s'assoient à la table familiale après avoir dévoré la nourriture du foyer et joué aux échecs, alors que le vieillard massacre au-dehors sa souche titanesque, Mitchell a ces mots : « *On s'amuse avec leur jeu d'échecs, on leur vole leurs chevaux, on dirait qu'il n'y a plus de limites.* » « *Inutile d'aller jusque-là* », *réplique Nicholson.*

L'interprétation dégage un étrange sentiment d'excentricité. Dans le rôle du chef de la horde Blind Dick et dans celui du vieux chef de famille, Harry Dean Stanton et George Mitchell sont raides comme la pluie. Quand j'ai rencontré Harry Dean Stanton, je lui ai dit combien j'aimais *L'Ouragan*... Il m'a dit : « *C'est le meilleur western de toute ma carrière, et un des meilleurs que j'aie jamais vus.* » D'un autre côté, Peter Cannon, en bandit têtebrûlée, et Millie Perkins ne font pas vraiment dans le classicisme. La voix de Cannon possède un je-ne-sais-quoi de bizarrement efféminé. Perkins, elle, donne carrément dans le loufoque. Sa façon de répondre « *Yes, we do* » à la question de savoir s'ils possèdent un jeu d'échecs a déteint de manière indélébile sur ma propre façon de dire « *Yes, I do* ». Reste qu'Hellman a construit son film autour des performances de Jack Nicholson et de Cameron Mitchell, et on comprend facilement pourquoi... Ces deux mecs sont fantastiques. Voir Mitchell, qui suivit malheureusement par la suite le chemin d'Aldo Ray (un autre grand des années cinquante), jouer dans n'importe quoi, y compris des films pornos, alors qu'il décline ici toute la gamme de subtilité, de la sobriété et de l'originalité, revient à verser une larme pour tous ces merveilleux comédiens auxquels on ne donna jamais la possibilité d'atteindre les cimes où leur talent aurait dû les conduire. Quand un bon acteur, qui est parvenu à préserver ses instincts même après avoir été enterré depuis longtemps, obtient un rôle où il y a vraiment quelque chose à jouer, une lueur bien particulière passe dans son regard. On peut discerner ce phénomène chez Martin Landau dans *Tucker*, chez Joe Don Baker dans la séquence du *Meilleur* où il éclipse l'intégralité du casting, chez Richard Crenna lors de la conversation pleine de menaces qu'il orchestre dans *La Fièvre au corps* – autant de performances dans de grands films qui ont empêché ces hommes de tomber dans la spirale des séries Z. La même lumière habite les yeux de Mitchell tout au long de *L'Ouragan de la vengeance*, et cette lumière témoigne de ce qui est la plus belle création de sa longue carrière.

Quant à Jack Nicholson, il est devenu une des plus grandes vedettes de l'histoire du cinéma. Vedette et grand acteur, certes, mais il a en plus accédé au rang d'icône culturelle, au même titre qu'Humphrey Bogart, John Wayne, James Dean, Marilyn Monroe et Madonna (voir à ce titre l'hommage que lui rend Christian Slater dans *Fatal Games*). Ceux qui voudront découvrir *L'Ouragan de la vengeance* comme une curiosité où une star en devenir effectue ses premières armes n'en croiront pas leurs yeux.

Le travail de Nicholson y est à ranger au côté de ses meilleures prestations, de la même façon que celui de Robert De Niro dans *Mean Streets*. Nicholson ne se contente pas d'être un Wes extraordinaire ; il se livre déjà au numéro de « nonsense mou » qui me réjouira tant par la suite (j'ai récemment retrouvé cet esprit dans le très malin *The Two Jakes*, que je suis un des rares à adorer). Voir Nicholson jouer « petit » après une décennie d'excès nous rappelle qu'il n'est pas devenu une icône en jouant au grand Nicholson, mais en étant simplement un grand acteur.

S'il existe un réalisateur digne de réhabilitation critique, c'est bien Monte Hellman. Avec ce style et son tempo naturalistes, ses invisibles accélérations de montage et les voyages dans lesquels il embarque inévitablement ses personnages, son influence se retrouve chez des réalisateurs comme Hal Hartley, Wim Wenders, Jim Jarmush et Terrence Malick (dans sa critique de *La Balade sau-*

*vage* – dont *True Romance* s'inspire largement –, la journaliste Pauline Kael avait, bien que dans un sens défavorable, noté la similitude). Cette année-là, Monte réalise un film, *Dark Passion*, d'après le roman de Lionel White, *Obsession*, dont Godard s'était inspiré pour *Pierrot le fou*. Les cinémas seraient des endroits beaucoup plus agréables s'ils programmaient un film de Monte Hellman.

Quentin TARANTINO.

*Les propos de Quentin Tarantino ont été recueillis au cours de conférences de presse ou d'entretiens, entre 1994 et 1998, à Cannes, Paris et Londres. L'auteur tient à remercier une nouvelle fois François Guérif d'avoir bien voulu mettre à sa disposition les entretiens qu'il réalisa avec Quentin Tarantino.*

# MONTE HELLMAN

Mais qui est donc ce mystérieux Monte Hellman qui devait réaliser *Reservoir Dogs* et dont Quentin Tarantino semble s'être fait le publiciste ?

Rien de moins qu'un cinéaste oublié et injustement méconnu, dont les cinéphiles de ma génération se rappellent car ils ont eu le bonheur de voir ses deux westerns les plus célèbres, en 1966 ou 67, à Cannes, puis, en distribution, à Paris ; *The Shooting* et *Ride in the Whirlwind (L'ouragan de la vengeance)*, deux films qui méritent une nouvelle chance. Mais celui dont il faut attendre le plus demeure *The Cockfighter* adapté du roman de Charles Willeford (Ecrits noirs, Éditions Rivages). Magnifique histoire d'un looser, trimardeur et chemineau sur le dur à ses heures qui va finir par remporter le plus important des concours de combat de coqs à ses yeux, l'amour après sa grande fierté d'avoir été reconnu « coqueleux de l'année ». Le roman fort bien enlevé de Willeford mérite la comparaison avec *Dark Hasard* de William R. Burnett, son équivalent pour les courses de lévriers, ou sur un plan autre mais voisin *L'Arna-*

*queur* de Walter S. Tevis, qui fut donc à l'origine du film de Robert Ossen avec Paul Newman et Gig Young, avec le billard comme discipline.

Né le 12 juillet 1932, à Long Island, Monte Hellman suivit les cours d'une école pour les professions radiophoniques, avant d'être diplômé en cinéma à l'Université de Californie.

Après avoir été acteur directeur d'un théâtre, réalisateur et metteur en ondes de pièces radiophoniques, il réalisa un film produit par Roger Corman, en 1959, *The Beast from the Haunted Cave*. Celui-ci l'engagea comme monteur, réalisateur de seconde équipe, avant de lui confier la direction simultanée de deux films aux Philippines avec Jack Nicholson : *Back Door to Hell, Flight to Fury* (1964).

L'année suivante, il tourne deux westerns toujours avec Jack Nicholson, comme acteur et associé au scénario : *The Shooting* et *Ride in the Whirl wind*. Leur réalisation se fait également simultanément dans le désert de l'Utah.

En 1971, Universal lui confie la réalisation d'un film à gros budget, *Two-Lane Blacktop (Macadam à deux voies)*. Malheureusement, il n'a pas le succès escompté. Malgré le support enthousiaste de cinéaste comme Sam Peckinpah. Ce road movie semble tributaire du cinéma européen à la critique américaine, incapable de reconnaître une série de variations sur des thèmes on ne peut plus américains...

Il en ira de même du *Cockfighter*, avec un Warren Oates extraordinaire. Monte Hellman a le sens de la direction d'acteur, il l'a prouvé en faisant débuté Jack Nicholson dont on connaît le faible pour l'outrance... Mais c'est aussi l'un des derniers cinéastes des grands espaces, comme le prouvent ses westerns au dépouillement quasi mystique. Une fois de plus, le désert, comme chez tous les grands créateurs, tend à l'Absolu et fait naître confusément la sensation du divin, même, et peut-être surtout, en filmant l'aridité, le dépouillement et l'absence.

Celle de Monte Hellman fait gravement défaut à nos écrans : c'est comme si le cinéma avait encore besoin de maudire ses rares authentiques créateurs, comme si la rançon de sa commercialité exigeait qu'il y ait encore des cinéastes maudits, comme ce fut le cas pour von Stroheim, Welles ou Nicholas Ray.

Sans doute appartient-il à Tarantino de conjurer cette malédiction...

Ce qui n'empêcherait nullement nos distributeurs de films ou, pour le moins, de cassettes vidéos de faire leur travail en découvrant Monte Hellman.

J.-P. D.

## LISTE DES FILMS LES PLUS COOLS DE TOUS LES TEMPS

par Quentin TARANTINO

Par ordre :

1. **Rio Bravo** (1959) Howard Hawks
2. **Taxi Driver** (1976) Martin Scorsese
3. **Blow Out** (1981) Brian de Palma

Dans le désordre et sujette à de constantes révisions :

La Vengeance aux deux visages **One-Eyed Jacks** (1961) Marlon Brando

A bout de souffle **Breathless** (1983) James McBride

La Dame du vendredi **His Girl Friday** (1940) Howard Hawks

**Rolling Thunder** (1997) John Flynn

La Balade sauvage **Badlands** (1973) Terence Malik

Outrages **Casualties of War** (1989) Brian de Palma

**Used Cars** (1980) Robert Zemeckis

Un Monde fou, fou, fou, fou **It's a Mad Mad Mad Mad World** (1963) Stanley Kramer

Juge et Hors-la-Loi **Judge Roy Bean** (1972) John Huston

Quand les aigles attaquent **Where Eagles Dare** (1969) Brian G. Hutton
Les Douze salopards **The Dirty Dozen** (1967) Robert Aldrich
L'Impossible Monsieur Bébé **Bringing Up Baby** (1938) Howard Hawks
**The Killer** (1989) John Woo
Driver **The Driver** (1978) Walter Hill
Sang pour sang **Blood Simple** (1983) Joel Coen
**Long Good Friday** (1980) John Mackenzie
Racket **Mona Lisa** (1986) Neil Jordan
Le Tueur était presque parfait **The Hit** (1984) Stephen Frears
**The Killers** (1964) Don Siegel
Les Tueurs **Comfort and Joy** (1984) Bill Forsyth
**Local Hero** (1983) Bill Forsyth
**Le Petit Soldat** Jean-Luc Godard
**Vivre Sa Vie** Jean-Luc Godard
A bout de souffle (1964) Jean-Luc Godard
**Bande à Part** (1964) Jean-Luc Godard
**Pierrot le Fou** (1968) Jean-Luc Godard
Les Nuits de Harlem **Shaft** (1971) Gordon Parks
Le Bon, la Brute et le Truand **The Good The Bad and The Ugly** (1966) Sergio Leone
L'Ultime razzia **The Killing** (1956) Stanley Kubrick
Quand la ville dort **The Asphalt Jungle** (1950) John Huston
Du Rififi chez les hommes **Rififi** (1955) Jules Dassin
Les Pirates du métro **The Taking of Pelham 123** (1974) Joseph Sargent
**City on Fire** (1989) Ringo Lam

En Quatrième vitesse **Kiss Me Deadly** (1955) Robert Aldrich
Le Pape de Greenwich Village **Pope of Greenwich Village** (1984) Stuart Rosenberg
Orange mécanique **A Clockwork Orange** (1971) Stanley Kubrick
**Fandango** (1985) Kevin Reynolds
**Days of Thunder** (1990) Tony Scott
**Night Call Nurses** (1972) Roger Corman
**Jules et Jim** (1962) François Truffaut
Poings de fer, cœur d'or **A Girl In Every Port** (1928) Howard Hawks
Les Canons de Navarone **The Guns of Navarone** (1961) J. Lee Thompson
Le Cercle des poètes disparus **Dead Poets Society** (1989) Peter Weir
**Frogs** (1972) George McCowan
Willard **Willard** (1971) Daniel Mann
Les Passagers de la nuit **Night of the Lepus** (1972) William F. Claxton
**Dark Passage** (1947) Delmer Daves
**The Last Boy Scout** (1991) Tony Scott
Indiana Jones et le temple maudit **Indiana Jones and the Temple of Doom** (1984) Steven Spielberg
L'Année du Dragon **Year of the Dragon** (1985) Michael Cimino
Scarface **Scarface** (1984) Brian de Palma
Topkapi **Topkapi** (1964) Jules Dassin
L'Affaire Thomas Crown **The Thomas Crown Affair** (1968) Norman Jewison
Il était une fois l'Amérique **Once Upon a Time In America** (1984) Sergio Leone
Deux Nigauds contre Frankenstein **Abbott and**

**Costello Meet Frankenstein** (1948) Charles Barton
Deux Nigauds et la momie **Abbott and Costello Meet the Mummy** (1955) Charles Lamont
**Hi Momi** (1969) Brian De Palma
**Back Street** (1961) David Miller
Histoire d'un amour **Maniac Cop Two** (1990) William Lustig
**Intruder** (1989) Scott Spiegel
**The Vigilante** (1947) Wallace Fox
**Perfect** (1985) James Bridges
Les mains d'Orlac **Mad Love** (1935) Karl Freund
**The Trip** (1967) Roger Corman
**The Last Seduction** (1994) John Dahl
**Ed Wood** (1994) Tim Burton
**Salvador** (1986) Oliver Stone
Pour quelques dollars de plus **For a Few Dollars More** (1965) Sergio Leone
**Le Doulos** (1962) Jean-Pierre Melville
Les Amants de la nuit **They Live by Night** (1949) Nicholas Ray
Le Privé **The Long Goodbye** (1973) Robert Altman
**Coffy** (1973) Jack Hill La panthère noire
Le Secret magnifique **Magnificent Obsession** (1954) Douglas Sirk
**Savage Seven** (1968) Richard Rush
**The Thing** (1982) John Carpenter
**Caged Heat** (1974) Jonathan Demme
Cinq femmes à abattre **Silver Bullet** (1985) Daniel Attias
Le Quatrième homme **Kansas City Confidential** (1952) Phil Karlson

# BIBLIOGRAPHIE

LIVRES (en anglais) :

BARNES, Alan & HEARN, Marcus : *Tarantino A to Z*, The films of Quentin Tarantino, BT Batsford Ltd, Londres, 1996

BERNARD, Jami : *Quentin Tarantino : The Man and the Movie*, Harper Collins Publishers, Londres, 1995

CLARKSON, Wensley : *Quentin Tarantino, Shooting from the hip*, Judy Piatkus Publishers, Londres, 1995

WOODS, Paul A. : *King Pulp, The Wilw World of Quentin Tarantino*, Plexus, Londres, 1996

REVUES (en français) :
Les Cahiers du Cinéma, Positif.
Studio, Première, Les Inrockuptibles,
Cinéphage, Impact, Mad Movies,
Polar n° 19 (avril 1998)

SCÉNARIOS & DIALOGUES (en français) :

Collection 10/18, « Domaine Etranger »
N° 2642, PULP FICTION,
n° 2697, RESERVOIRS DOGS, TRUE ROMANCE,
n° 2698, FOUR ROOMS
n° 2800, UNE NUIT EN ENFER
n° 2854, JACKIE BROWN,



## TABLE DES MATIÈRES

### PREMIÈRE PARTIE : La pulpe

## Deuxième Partie : La fiction



## Troisième partie : Tarantino Live



## Appendices

*Cet ouvrage a été réalisé par la*
*SOCIÉTÉ NOUVELLE FIRMIN-DIDOT*
*Mesnil-sur-l'Estrée*
*pour le compte des Éditions FLEUVE NOIR*
*en mars 1998*

*Imprimé en France*
Dépôt légal : avril 1998
N° d'édition : 42007

